T0209055

essentials

essentials liefern aktuelles Wissen in konzentrierter Form. Die Essenz dessen, worauf es als „State-of-the-Art" in der gegenwärtigen Fachdiskussion oder in der Praxis ankommt. *essentials* informieren schnell, unkompliziert und verständlich

- als Einführung in ein aktuelles Thema aus Ihrem Fachgebiet
- als Einstieg in ein für Sie noch unbekanntes Themenfeld
- als Einblick, um zum Thema mitreden zu können

Die Bücher in elektronischer und gedruckter Form bringen das Fachwissen von Springerautor*innen kompakt zur Darstellung. Sie sind besonders für die Nutzung als eBook auf Tablet-PCs, eBook-Readern und Smartphones geeignet. *essentials* sind Wissensbausteine aus den Wirtschafts-, Sozial- und Geisteswissenschaften, aus Technik und Naturwissenschaften sowie aus Medizin, Psychologie und Gesundheitsberufen. Von renommierten Autor*innen aller Springer-Verlagsmarken.

Valerie I. Grimm · Patrick Haag

Make or Buy – Outsourcing in der Veranstaltungsbranche

Ansätze zur Ableitung von Kriterien zur Fundierung von Outsourcingentscheidungen

Valerie I. Grimm
Villmar, Deutschland

Patrick Haag
HAAG INTERNATIONAL EVENTS
Wimsheim, Deutschland

ISSN 2197-6708   ISSN 2197-6716   (electronic)
essentials
ISBN 978-3-658-40331-7   ISBN 978-3-658-40332-4   (eBook)
https://doi.org/10.1007/978-3-658-40332-4

Die Deutsche Nationalbibliothek verzeichnet diese Publikation in der Deutschen Nationalbibliografie; detaillierte bibliografische Daten sind im Internet über http://dnb.d-nb.de abrufbar.

Planung/Lektorat: Rolf-Guenther Hobbeling
Springer Gabler ist ein Imprint der eingetragenen Gesellschaft Springer Fachmedien Wiesbaden GmbH und ist ein Teil von Springer Nature.
Die Anschrift der Gesellschaft ist: Abraham-Lincoln-Str. 46, 65189 Wiesbaden, Germany

Was Sie in diesem *essential* finden können

- Eine Einführung in die Entscheidung zwischen Fremdbezug und Eigenerstellung
- Grundlegende Überlegungen zu Outsourcing in der Veranstaltungsbranche
- Ansätze zur Fundierung von Outsourcingentscheidungen in der Veranstaltungswirtschaft

Vorwort

Wenn wir die unternehmerischen Entscheidungen in Krisenzeiten betrachten – geprägt durch Klimawandel, Pandemie oder den Krieg in der Ukraine – so finden wir dort eine Renaissance der Make-or-Buy-Entscheidung. War sie oft im Kontext von betriebswirtschaftlicher Optimierung und Kernkompetenz-Fokus zu einem „selbstverständlich Outsourcing!" verkümmert, so sehen wir das heute differenzierter. Lieferketten machen schmerzhaft deutlich, dass Unabhängigkeit und Lagerhaltung das Betriebsergebnis auch positiv beeinflussen können.

Umso wichtiger ist dieses Buch von Valerie I. Grimm und Patrick Haag, das uns einen vollständigen und wohl strukturierten Überblick bietet. Endlich können wir uns kompetent in alle Aspekte rund um „Fremdbezug oder Eigenerstellung" einlesen. Diese Mixtur aus grundständigem Managementwissen und einer passgenauen Anwendung auf die Veranstaltungswirtschaft, verfasst von zwei Branchenkennern, hilft beim Bewerten zukünftiger Überlegungen ebenso wie bei der Analyse bisheriger Entscheidungen.

Auf den rund 50 Seiten erhalten wir daneben Hinweise darauf, dass es meist Alternativen gibt – und wie wir dennoch, was schließlich gefordert ist – eine konkrete Auswahlentscheidung treffen können. Beide, Valerie I. Grimm und Patrick Haag, wissen aus ihrer eigenen Praxiserfahrung, dass es zu riskant ist, solche Entscheidungen allein auf das Bauchgefühl gestützt zu treffen. Weder dies noch ein „Haben wir immer so gemacht" sind von strategischem Wert für unser Unternehmen: und langfristig soll eine solche Wahl möglichst angelegt sein, um Wirkung entfalten zu können.

Ich hoffe sehr, dass dieses *essential* viele Leserinnen und Leser findet. Outsourcing bleibt ein wichtiges Thema in der Veranstaltungsbranche – und in einer Wirtschaft, die viele positive Effekte durch arbeitsteilige Strukturen erfahren hat. Dieses Buch schafft ein solides Fundament, das uns beim Kennenlernen der verschiedenen Ansätze begleitet und beim Verstehen im Gesamtkontext unterstützt.

Prof. Stefan Luppold

Inhaltsverzeichnis

Die Entscheidung zwischen Fremdbezug und Eigenerstellung als Dauerthema

1

Outsourcing ist akademisch wie praktisch ein zeitloses, d. h. permanent aktuelles und wichtiges Thema.

(Holger von Jouanne-Diedrich, 2004)

1.1 Geschichte und Status quo

Die Entscheidung zwischen Eigenerstellung und Fremdbezug beschäftigt Unternehmen bereits seit Jahrhunderten.[1] In der Literatur haben sich im Laufe der Zeit verschiedene Begriffe herausgebildet, die mit der Thematik in Verbindung gebracht werden. Beispielhaft können Begriffe wie Make-or-Buy-Entscheidung, Lean Production, vertikale Integration und Outsourcing angeführt werden.[2]

In Abhängigkeit von der begrifflichen Schwerpunktsetzung können die Ursprünge der Problemstellung historisch unterschiedlich weit zurückverfolgt werden.[3] Überwiegende Einigkeit besteht über die Entwicklungen ab der Mitte des 20. Jahrhunderts, durch die die Wahl zwischen Eigenerstellung und Fremdbezug in ihrer Bedeutsamkeit für Unternehmen und ihrer Vielschichtigkeit zunehmend ein höheres Niveau erlangte. Die Informationstechnologie (IT) wird in der Literatur vielfach als Wegbereiter und Schauplatz dieser Entwicklungen

---

[1] Dittrich/Braun, 2004, S. 1 f.; Hendrix/Abendroth/Wachtler, 2003, S. 23; Nagengast, 1997, S. 1.

[2] Hodel/Berger/Risi, 2006, S. 14; Kopeinig/Gedenk, 2005, S. 229 ff.; Hendrix/Abendroth/Wachtler, 2003, S. 23 f.; Köhler-Frost, 2000, S. 13.

[3] Dittrich/Braun, 2004, S. 1 f.; Jouanne-Diedrich, 2004, S. 125; Hendrix/Abendroth/Wachtler, 2003, S. 23 f.

© Der/die Autor(en), exklusiv lizenziert an Springer Fachmedien Wiesbaden GmbH, ein Teil von Springer Nature 2023
V. I. Grimm und P. Haag, *Make or Buy – Outsourcing in der Veranstaltungsbranche*, essentials, https://doi.org/10.1007/978-3-658-40332-4_1

gesehen.[4] So richteten externe Anbieter in den 1960er-Jahren Rechenzentren an Unternehmensstandorten ein und die Kapazitäten von Großrechnern wurden durch Fremdvergabe für viele Unternehmen verfügbar gemacht.[5] Aufgrund eines Fachkräftemangels im IT-Bereich wurden Leistungen in den Achtzigerjahren vermehrt in Niedriglohnländer ausgelagert.[6] Standen bei der Fremdvergabe zunächst Kostenmotive im Vordergrund, so gewannen im Laufe der Zeit strategische Aspekte an Bedeutung. Unternehmen vergaben Leistungen fremd, um sich mehr auf die eigenen Stärken konzentrieren zu können. In den 1990er-Jahren wurden erstmals ganze Geschäftsprozesse ausgelagert.[7] Neben der IT werden auch Trends in der Automobilindustrie als richtungsweisend für die Entwicklung des Outsourcingbegriffs erachtet. So entstand in den Neunzigerjahren das Produktionsprinzip der Lean Production. Nach dem japanischen Vorbild wurde die Fertigungstiefe zunehmend reduziert.[8] Mit der Jahrtausendwende nahm das Spektrum der Unternehmen, die Leistungen fremdvergaben, weiter zu. Der Umfang der als auslagerungsfähig angesehenen Leistungen wuchs kontinuierlich.[9]

Trotz der begrifflichen Vielfalt und einer mangelnden Trennschärfe, wird in der Literatur häufig der Outsourcingbegriff verwendet, um die seit den 1960er-Jahren entstandene Multidimensionalität der Entscheidung zwischen Fremdbezug und Eigenerstellung zu beschreiben. Mit der Berücksichtigung sowohl strategischer als auch operativer Fragestellungen und Ziele kann Outsourcing als Terminus aufgefasst werden, der vielfältige Facetten dieser Entscheidung berücksichtigt.[10]

Wie die vorigen Ausführungen verdeutlicht haben, kann Outsourcing kaum losgelöst von wirtschaftlichen und technologischen Entwicklungen betrachtet werden. Die Megatrends der Globalisierung und Digitalisierung können als wesentliche Treiber des Outsourcings verstanden werden. So fördert der internationale Austausch von Daten und Informationen in großen Mengen und in Echtzeit arbeitsteilige Strukturen über geografische Grenzen hinweg. Gleichzeitig führen der globale Wettbewerb und eine gesteigerte Markttransparenz zu

---

[4] Ebert, 2020, S. 7 f.; Gutmann, 2017, S. 68; Pfaller, 2013, S. 2 ff.; Hendrix/Abendroth/Wachtler, 2003, S. 24.

[5] Pfaller, 2013, S. 2 f.

[6] Ebert, 2020, S. 8.

[7] Pfaller, 2013, S. 5 f.; Hodel/Berger/Risi, 2006, S. 14; Hollekamp, 2005, S. 2 f.; Köhler-Frost, 2000, S. 13.

[8] Hodel/Berger/Risi, 2006, S. 14; Hendrix/Abendroth/Wachtler, 2003, S. 23 f.; Schneider/Baur/Hopfmann, 1994, S. 19 ff.

[9] Gutmann, 2017, S. 68; Zmuda, 2006, S. 3 f.

[10] Jouanne-Diedrich, 2004, S. 125.

einer Notwendigkeit der Fokussierung auf die unternehmenseigenen Stärken, um langfristig wettbewerbsfähig zu bleiben.[11] Auch in der Veranstaltungsbranche sorgen die Globalisierung sowie Internationalisierungsbestrebungen seit den 1990er-Jahren für einen zunehmenden Konkurrenzdruck.[12]

Die Covid-19-Pandemie hat die Dynamik der Marktbedingungen zusätzlich verstärkt. Die hochvolatile Situation ist vielfach Anlass für Unternehmen, Entscheidungen über den Bezug von Ressourcen zu treffen bzw. zu korrigieren. Die Entscheidung zwischen Fremdbezug und Eigenerstellung rückt im Spannungsfeld von Zielen wie einer höheren Unabhängigkeit von Partnern, dem Erzielen von Kostenersparnissen und einem Zugewinn an Flexibilität verstärkt in den Fokus vieler Unternehmen.[13] In hohem Maße von der persönlichen Begegnung einer Vielzahl von Menschen abhängig, ist die Veranstaltungsbranche besonders stark von der gegenwärtig vorherrschenden Unsicherheit und Volatilität betroffen.[14] Mit dem Ziel von Kosteneinsparungen einerseits sowie strategischen Neuausrichtungen andererseits, beispielsweise digitale Kompetenzen betreffend, sind Outsourcingfragestellungen in der Branche facettenreich.[15]

Die von Jouanne-Diedrich konstatierte permanente Relevanz und die Vielschichtigkeit von Outsourcingentscheidungen gelten folglich auch für Unternehmen der Veranstaltungswirtschaft. In Kombination mit ihren weitreichenden Konsequenzen für das betreffende Unternehmen wird die Notwendigkeit von Verfahren zur Unterstützung der Entscheidungsfindung deutlich.

1.2 Ableitung der Zielsetzung und Aufbau der Ausarbeitung

Ebenso vielfältig wie die Ziele des Outsourcings sind die Betrachtungsweisen der Thematik in der Literatur. So wird Outsourcing in verschiedenen Disziplinen der Sozialwissenschaften mit unterschiedlichen Schwerpunkten untersucht. Die Sozialwissenschaften vereinen die wissenschaftlichen Disziplinen, welche sich mit dem gesellschaftlichen Zusammenleben befassen, darunter beispielsweise die

---

[11] Wymann/Schellinger, 2021, S. 184 ff.; Hodel/Berger/Risi, 2006, S. 7 ff.; Horchler, 2005, S. 299 f.; Heibel, 2000, S. 73 ff.

[12] Marzin, 2017, S. 152 ff.; Wutzlhofer, 2017, S. 126 f.; Neven, 2005, S. 86.

[13] Kleemann/Frühbeis, 2021, S. 22 ff.; Heller-Herold/Link, 2020, S. 28 ff.; Lanzer/Sauberschwarz/Weiß, 2020, S. 13 ff.

[14] Penzkofer, 2021, S. 90 ff.

[15] Kleemann/Frühbeis, 2021, S. 22 ff.; Penzkofer, 2021, S. 93; Lanzer/Sauberschwarz/Weiß, 2020, S. 13 ff.

Wirtschaftswissenschaften und die Rechtswissenschaften.[16] Die Verknüpfung des Outsourcings mit der Betriebswirtschaftslehre wird darin ersichtlich, dass Outsourcing einen Zentralbereich derselben tangiert: den wirtschaftlichen Umgang mit knappen Ressourcen.[17] In der Volkswirtschaftslehre kommt Outsourcing eine wesentliche Bedeutung innerhalb der Transformation der deutschen Volkswirtschaft von Industrie- zu Dienstleistungsgesellschaft zu.[18] Auch die Kultur- sowie die Rechtswissenschaften untersuchen die Ursachen, Ziele, Risiken und Folgen des Outsourcings.[19] Eine strikte Trennung der Perspektiven ist aufgrund von Interdependenzen kaum möglich und wenig zweckmäßig.[20] Dennoch bedarf es einer strukturgebenden Schwerpunktsetzung, weshalb der Fokus der vorliegenden Ausarbeitung auf der betriebswirtschaftlichen Sichtweise liegt. Erfahrungsobjekt der Betriebswirtschaftslehre ist der Betrieb, bzw. ausgehend von einem marktwirtschaftlichen Wirtschaftssystem, die Unternehmung.[21] Die vorliegende Auseinandersetzung betrachtet Unternehmen der Veranstaltungsbranche.

Während Hollekamp zwar die Existenz einer „inflationäre[n] Anzahl an Beiträgen zum Themenbereich Outsourcing"[22] feststellt, liegen nur vereinzelt Beiträge zu Outsourcingentscheidungen in der Veranstaltungsbranche vor. Wenige Beiträge befassen sich lediglich mit einzelnen Ansätzen zur Entscheidungsfundierung.[23] Eine umfassende branchenbezogene Betrachtung von Ansätzen zur Unterstützung der Entscheidungsfindung liegt hingegen nicht vor. Zudem ist eine Übertragung der Erkenntnisse aus anderen Branchen aufgrund der Spezifika der Leistungen von Unternehmen der Veranstaltungswirtschaft nur bedingt möglich. Anknüpfungspunkte bieten Veröffentlichungen, welche Dienstleistungsspezifika berücksichtigen, wie etwa die Publikationen von Picot/Hardt und Nagengast.[24]

Aufgrund der beschriebenen Defizite in der Literatur bei gleichzeitig hohem Bedarf in der Unternehmenspraxis, liegt das Ziel der vorliegenden Ausarbeitung in der Identifikation von Ansätzen, welche zur Ableitung von Kriterien zur

---

[16] Giesel, 2007, S. 25; Peters/Brühl/Stelling, 2005, S. 3.

[17] Jouanne-Diedrich, 2004, S. 125.

[18] Hendrix/Abendroth/Wachtler, 2003, S. 25; Kang, 2003, S. 4 ff.

[19] Dibbern/Chin/Heinzl, 2012, S. 466 ff.; Römer, 2001, S. 20 ff.; Staudacher, 2000, S. 301 ff.

[20] Nagengast, 1997, S. 184 f.

[21] Wöhe/Döring/Brösel, 2020, S. 27 ff.; Peters/Brühl/Stelling, 2005, S. 6 ff.

[22] Hollekamp, 2005, S. 8.

[23] Delfmann/Arzt, 2005, S. 119 ff.; Kopeinig/Gedenk, 2005, S. 229 ff.

[24] Picot/Hardt, 1998, S. 626 ff.; Nagengast, 1997, S. 2 ff.

Fundierung von Outsourcingentscheidungen in der Veranstaltungsbranche herangezogen werden und damit Entscheidungsträger in der Entscheidungsfindung unterstützen können.

Die Perspektive von Unternehmen der Veranstaltungswirtschaft einnehmend, lässt sich von der benannten Zielsetzung die folgende Fragestellung ableiten:

Aus welchen Ansätzen können Kriterien zur Entscheidungsfindung über Outsourcing bei Unternehmen der Veranstaltungsbranche abgeleitet werden?

Diese übergeordnete Fragestellung kann wiederum in zwei Teilfragestellungen unterteilt werden:

Welche Ansätze werden in der Fachliteratur zur Fundierung von Outsourcingentscheidungen herangezogen?

Welche Ansätze sind aus der Perspektive von Unternehmen der Veranstaltungsbranche zur Ableitung von Kriterien geeignet?

Grundlagen des Outsourcings in der Veranstaltungsbranche 2

2.1 Der Outsourcingbegriff

2.1.1 Definitorische Ansätze des Outsourcings

In der Fachliteratur findet sich eine Vielzahl von Definitionen des Outsourcingbegriffs, welche sich in zentralen Aspekten unterscheiden.[1] Zur Entwicklung einer für die vorliegende Ausarbeitung geeigneten Definition werden daher zunächst verschiedene definitorische Ansätze aus der Literatur geschildert.

Allgemeine Einigkeit besteht dahingehend, dass es sich um einen aus den Wörtern outside, resource und using zusammengesetzten Neologismus handelt. Das Kunstwort impliziert die Nutzung externer Ressourcen für die Erbringung betrieblicher Leistungen.[2] Ressourcen können als materielle und immaterielle Nutzungspotenziale eines Unternehmens verstanden werden.[3]

Üblicherweise ist das Vorliegen eines Vertragsverhältnisses zwischen zwei oder mehreren Parteien charakteristisch für Outsourcing.[4] Der in der Fachliteratur häufig für den unternehmensexternen Leistungsersteller verwendete Begriff des Dienstleisters könnte zu der fälschlichen Annahme führen, dass das Vorliegen eines Dienstleistungsvertrags ein konstitutives Merkmal des Outsourcings

---

[1] Rundquist, 2007, S. 20; Jouanne-Diedrich, 2004, S. 126 f.; Kang, 2003, S. 18; Nagengast, 1997, S. 47.

[2] Ebert, 2020, S. 7; Vahrenkamp/Kotzab, 2017, S. 211; Weuster, 2008, S. 66; Kantsperger, 2007, S. 34; Hodel/Berger/Risi, 2006, S. 2; Mayer/Söbbing, 2004, S. 9; Hendrix/Abendroth/Wachtler, 2003, S. 23; Kang, 2003, S. 18; Oecking, 2000, S. 95; Sommerlad, 2000, S. 282; Nagengast, 1997, S. 47.

[3] Jung, 2015, S. 49; Steinmann/Schreyögg/Koch, 2013, S. 193 f.

[4] Hodel/Berger/Risi, 2006, S. 91 ff.; Sommerlad, 2000, S. 282 ff.

© Der/die Autor(en), exklusiv lizenziert an Springer Fachmedien Wiesbaden GmbH, ein Teil von Springer Nature 2023
V. I. Grimm und P. Haag, *Make or Buy – Outsourcing in der Veranstaltungsbranche*, essentials, https://doi.org/10.1007/978-3-658-40332-4_2

sei. Hingegen kann ein Outsourcingvertrag auch Werkleistungen oder Leistungen nach dem Kaufrecht umfassen. Juristisch zutreffender ist daher die Bezeichnung als Auftragnehmer oder Outsourcingnehmer. Das outsourcende Unternehmen ist entsprechend der Auftraggeber oder Outsourcinggeber.[5]

Die Definitionsansätze unterscheiden sich vor allem in der Abgrenzung der Outsourcingentscheidung zur Make-or-Buy-Entscheidung. Während ein Teil der Autoren die Begriffe synonym verwendet, nimmt ein anderer Teil eine Differenzierung vor.[6] So wird der Terminus Outsourcing teilweise auf den Dienstleistungskontext beschränkt.[7] Ein frühes, restriktiveres Begriffsverständnis bezieht sich ausschließlich auf die IT.[8] Uneinigkeit besteht zudem darüber, ob Outsourcing nur den Fremdbezug (Buy) oder auch die Eigenerstellung (Make) einschließt.[9] Einen in dieser Hinsicht wertfreien Oberbegriff stellt das Sourcing dar.[10] Darüber hinaus wird die Outsourcingentscheidung in einem Teil der Ansätze ausschließlich als ex post-Entscheidung definiert, was bedeutet, dass die Leistung zuvor im Unternehmen selbst erstellt wurde.[11] Die Entscheidung über Eigenerstellung oder Fremdbezug hingegen kann nach diesem Verständnis auch ex ante getroffen werden. Diesem Definitionsansatz folgend, könnte die Outsourcingentscheidung als Spezialfall der Make-or-Buy-Entscheidung bezeichnet werden.[12] Das in der Begriffsverwendung dominierende Verständnis folgt allerdings dem umfassenderen Ansatz, welcher jegliche Entscheidungen über Fremdbezug oder Eigenerstellung als Outsourcingentscheidung bezeichnet und dies unabhängig davon, ob die Leistung jemals unternehmensintern erstellt wurde.[13] Ein weiterer in der Literatur vertretener Definitionsansatz versteht Outsourcing als Erweiterung von Make-or-Buy, welche durch eine strategische Orientierung gekennzeichnet ist.[14]

Nachfolgend schließt Outsourcing als Oberbegriff auch die Alternative der Eigenerstellung ein. Eine strategische Orientierung wird nicht als konstitutives

---

[5] Gross/Bordt/Musmacher, 2006, S. 28 ff.; Sommerlad, 2000, S. 284.

[6] Kantsperger, 2007, S. 340; Kang, 2003, S. 19; Oecking, 2000, S. 95; Staudacher, 2000, S. 301.

[7] Kantsperger, 2007, S. 340; Kang, 2003, S. 20.

[8] Kang, 2003, S. 20; Nagengast, 1997, S. 48.

[9] Jouanne-Diedrich, 2004, S. 127; Nagengast, 1997, S. 49.

[10] Jouanne-Diedrich, 2004, S. 127.

[11] Gutmann, 2017, S. 67; Kantsperger, 2007, S. 340.

[12] Kang, 2003, S. 19; Staudacher, 2000, S. 301.

[13] Hollekamp, 2005, S. 24 ff.; Jouanne-Diedrich, 2004, S. 127.

[14] Weuster, 2008, S. 68; Kang, 2003, S. 19 f.; Nagengast, 1997, S. 1.

Merkmal des Outsourcings angesehen, da auch eine operative Ausrichtung von Outsourcingmaßnahmen möglich ist, wie im nachfolgenden Unterabschnitt dargelegt wird. Dieses weit gefasste Begriffsverständnis soll nicht als Schwäche der Ausarbeitung verstanden werden, sondern die umfassende Betrachtung des Ressourcenbezugs eines Unternehmens zur Leistungserstellung ermöglichen. Eine Konkretisierung erfolgt über die nachfolgend aufgeführten Dimensionen. Eine Fokussierung des Outsourcingbegriffs auf die Informationsverarbeitung wird im weiteren Verlauf der Ausarbeitung nicht weiterverfolgt, da das ursprüngliche Begriffsverständnis in neueren Quellen eine Erweiterung erfahren hat.[15] Gleiches gilt aufgrund der vielfachen Existenz hybrider Leistungen mit Sachgut- und Dienstleistungskomponenten für eine Beschränkung des Outsourcingbegriffs auf Dienstleistungen.[16]

2.1.2 Multidimensionalität des Outsourcings

Nachdem Outsourcing mehrfach als multidimensional beschrieben wurde, liegt eine nähere Betrachtung der Outsourcingdimensionen nahe. Einen Anknüpfungspunkt bietet dabei Jouanne-Diedrich, welcher eine Vielzahl der in der Literatur verwendeten Outsourcingbegriffe verschiedenen Dimensionen zuordnet.[17] Zwar beziehen sich diese originär auf die IT als Ursprung des Outsourcings, jedoch sind die Dimensionen auf das Outsourcing im Allgemeinen übertragbar. So greifen beispielsweise Hollekamp und Haller/Wissing die Dimensionen im allgemeinen Outsourcingkontext auf.[18] Hollekamp führt zudem weitere Outsourcingdimensionen an, welche ebenfalls in diesem Unterabschnitt berücksichtigt werden. Darüber hinaus erscheint eine Ergänzung von Dimensionen, die in den genannten Quellen unberücksichtigt bleiben, sinnvoll.

An dieser Stelle sei darauf hingewiesen, dass die nachfolgend vorgestellten Dimensionen keinen Anspruch auf Vollständigkeit erheben und nicht überschneidungsfrei sind. Vielmehr sollen sie verschiedene Perspektiven auf den heterogen verwendeten Outsourcingbegriff aufzeigen. Ferner wird eine Grundlage für die Betrachtung der Ansätze in den nachfolgenden Kapiteln geschaffen.

---

[15] Behm/Winckler, 2017, S. 560 ff.; Gutmann, 2017, S. 68; Zmuda, 2006, S. 3 ff.; Nagengast, 1997, S. 49.

[16] Haller/Wissing, 2020, S. 22; Böhmann/Krcmar, 2007, S. 241 ff.; Hardt, 1996, S. 9 ff.

[17] Jouanne-Diedrich, 2004, S. 127 ff.

[18] Haller/Wissing, 2020, S. 239 f.; Hollekamp, 2005, S. 26 ff.; Jouanne-Diedrich, 2004, S. 125 ff.

Umfang

An dieser Stelle werden zunächst die Termini Aktivität, Geschäftsprozess und Leistung schlaglichtartig zueinander in Beziehung gesetzt. Ein Geschäftsprozess kann als eine Abfolge von Aktivitäten verstanden werden, durch die eine Leistung entsteht.[19] Der Outsourcingumfang kann sich auf einzelne Aktivitäten, Einzelprozesse oder Prozessgruppen erstrecken.[20] Dies macht deutlich, dass eine Definition des Outsourcings als Entscheidung zwischen Fremdbezug und Eigenerstellung einer Leistung, obwohl es sich um einen in der Literatur üblichen Ausdruck handelt, streng genommen zu kurz greift, da auch Teile eines Prozesses Objekt des Outsourcings sein können.[21] Zur Gewährleistung eines besseren Leseflusses beschränken sich die Autoren auf eine differenzierte Betrachtung des Outsourcingumfangs an Stellen, an denen dieser eine entscheidende Rolle spielt.

Einordnung innerhalb des Markt-Hierarchie-Kontinuums

Eine wesentliche Dimension, die an die Diskussion über die Abgrenzung des Outsourcings von Make-or-Buy anknüpft, ist die Einordnung innerhalb des Markt-Hierarchie-Kontinuums, welches auf Coase und Williamson zurückgeht.[22] Marktnahe Formen werden als externes Outsourcing oder Auslagerung bezeichnet und als „Übertragung von Prozessen auf ein externes, rechtlich und wirtschaftlich selbstständiges Unternehmen"[23] ohne kapitalmäßige Bindung und gesellschaftsrechtliche Verknüpfung beschrieben.[24] Mit Blick auf die Dimension des Outsourcingumfangs soll sich diese Definition nicht auf die Übertragung von Prozessen beschränken, sondern auch die Übertragung einzelner Aktivitäten einschließen. Internes Outsourcing ist der Hierarchieorientierung zuzuordnen und liegt vor, wenn keine externen Partner in die Leistungserstellung involviert sind.[25] Zwar werden Ausgliederung und internes Outsourcing in der Literatur häufig miteinander in Verbindung gebracht, die Begriffe sind jedoch nicht synonym zu verwenden. So erfordert eine Ausgliederung per juristischer Definition einen Vermögensübergang, welcher allerdings kein

---

[19] Schmelzer/Sesselmann, 2020, S. 13.

[20] Gross/Bordt/Musmacher, 2006, S. 29.

[21] Haller/Wissing, 2020, S. 239 f.; Kantsperger, 2007, S. 340 f.; Jouanne-Diedrich, 2004, S. 127 ff.

[22] Hollekamp, 2005, S. 27 ff.; Jouanne-Diedrich, 2004, S. 127 f.

[23] Hollekamp, 2005, S. 27.

[24] Kantsperger, 2007, S. 340 f.; Hollekamp, 2005, S. 27 ff.; Kang, 2003, S. 19; Römer, 2001, S. 22 f.; Staudacher, 2000, S. 301.

[25] Haller/Wissing, 2020, S. 238 f.; Gutmann, 2017, S. 68; Jouanne-Diedrich, 2004, S. 127.

konstitutives Merkmal des internen Outsourcings darstellt. Zudem wird das Outsourcing innerhalb des Unternehmens ohne Entstehung einer neuen rechtlichen Einheit nicht von dem Begriff der Ausgliederung abgedeckt. Aus diesem Grund erfolgt in der Literatur teilweise eine Untergliederung des internen Outsourcings in Ausgliederung und Insourcing, wobei Insourcing den internen Leistungsbezug innerhalb eines rechtlich bestehenden Systems beschreibt. Dieser findet unter marktähnlichen Bedingungen statt.[26] Eine häufig gewählte Ausgestaltungsform stellt das Profitcenter dar.[27] Profitcenter sind wirtschaftlich selbstständige, aber rechtlich abhängige Einheiten, die mit externen Anbietern um die Aufträge des Unternehmens konkurrieren.[28] Zwischen den Extremen der rein marktlichen Koordination an einem Ende des Kontinuums und der rein hierarchischen Abwicklung am anderen Ende, können innerhalb des Kontinuums verschiedene hybride Outsourcingformen unterschieden werden.

Grad des externen Leistungsbezugs

Die Differenzierung von Outsourcingformen in Abhängigkeit von dem Anteil des Fremdbezugs am Gesamtbudget der jeweiligen Leistung geht auf Lacity/Willcocks zurück. Totales Outsourcing liegt bei einem Anteil von über 80 % Fremdbezug vor, totales Insourcing ist bei einem Anteil unter 20 % gegeben. Sämtliche Formen, die sich zwischen den beiden Extremen bewegen, bezeichnen Lacity/Willcocks als selektives Outsourcing.[29]

Fristigkeit

Nach der Fristigkeit wird in operatives und strategisches Outsourcing unterschieden. Während operatives Outsourcing einen kurzfristigen Charakter aufweist, ist strategisches Outsourcing durch eine langfristige Orientierung gekennzeichnet.[30] Strategisches Outsourcing betrifft typischerweise komplette Geschäftsprozesse und richtet sich unmittelbar an den Zielen des jeweiligen Prozesses sowie den übergeordneten Unternehmenszielen aus.[31]

---

[26] Zmuda, 2006, S. 9; Hollekamp, 2005, S. 38 ff.

[27] Haller/Wissing, 2020, S. 238; Hollekamp, 2005, S. 62 f.; Nagengast, 1997, S. 79.

[28] Haller/Wissing, 2020, S. 240 ff.

[29] Lacity/Willcocks, 2003, S. 116.

[30] Haller/Wissing, 2020, S. 240; Hollekamp, 2005, S. 29.

[31] Hollekamp, 2005, S. 29.

Weitere Dimensionen

In der Literatur werden zudem die nachfolgend genannten Dimensionen aufgeführt, die jedoch aufgrund der Schwerpunktsetzung der vorliegenden Ausarbeitung eine untergeordnete Rolle spielen:

- Bezug zu den Kernkompetenzen
  (kernnahes Outsourcing, kernfernes Outsourcing)
- Geografische Distanz des bzw. der Outsourcingnehmer(s)
  (Nearshore-Outsourcing, Offshore-Outsourcing)
- Anzahl der Outsourcingnehmer
  (Multi-Sourcing, Single-Sourcing)
- Zeitliche Entwicklung
  (Backsourcing)

2.1.3 Die Outsourcingentscheidung als Bestandteil des Outsourcingprozesses

Verschiedene Autoren begreifen Outsourcing als Abfolge von Aktivitäten und teilen den Outsourcingprozess in vier Phasen ein. Solche Prozessmodelle finden sich beispielsweise in den Publikationen von Hodel/Berger/Risi, Hollekamp, Zhu/Hsu/Lillie und Lever. Ohne die einzelnen Prozessphasen im Detail zu beleuchten, kann festgehalten werden, dass die grundlegende Outsourcingentscheidung einen bedeutenden Prozessbestandteil darstellt.[32]

Zur Entscheidungsvorbereitung wird üblicherweise eine Situationsanalyse vorgenommen. Diese ermöglicht die Ableitung von unternehmensinternen und -externen Zielen und Risiken der Handlungsalternativen.[33] Die Ziele des Outsourcings sind vielfältig, jedoch können sie sämtlich aus der übergeordneten Zielsetzung des Unternehmens, der langfristigen Existenzsicherung, abgeleitet werden. Untrennbar mit diesem Ziel verknüpft, ist die Erhaltung und Steigerung der Wettbewerbsfähigkeit.[34] Die abgeleiteten Ziele des Outsourcings können in vier Kategorien gegliedert werden. Den zugehörigen Zielen jeder Kategorie stehen Risiken gegenüber, weshalb Ziele und Risiken nachfolgend als Effekte des

---

[32] Hodel/Berger/Risi, 2006, S. 51 ff.; Hollekamp, 2005, S. 47 ff.; Zhu/Hsu/Lillie, 2001, S. 373 ff.; Lever, 1997, S. 38.

[33] Hollekamp, 2005, S. 52 f.; Zhu/Hsu/Lillie, 2001, S. 374.

[34] Zmuda, 2006, S. 34 ff.; Hollekamp, 2005, S. 40 f.

Outsourcings bezeichnet werden. Diese können außerdem nach ihrem zeitlichen Horizont geordnet werden.[35] Während den Kosteneffekten sowie den leistungsbezogenen Effekten überwiegend operative Ziele und Risiken zugeordnet werden können, dominiert bei Risikoeffekten und kernkompetenzbezogenen Effekten der strategische Horizont.[36] Da ein Überblick über mögliche Effekte von Outsourcingentscheidungen eine Voraussetzung für die nachfolgende Betrachtung der Ansätze darstellt, werden die in der Fachliteratur vielfach unter verschiedenen Oberbegriffen aufgeführte Ziele und Risiken im Folgenden dargestellt. Die vorliegend als Ziele bezeichneten Aspekte werden in der Literatur auch unter den Oberbegriffen Motive, Gründe, Motivatoren und Vorteile aufgeführt. Risiken werden teilweise als Nachteile bezeichnet.[37] Aufgrund der Einordnung innerhalb der Zielhierarchie des Unternehmens wird in der vorliegenden Ausarbeitung der Terminus Ziele verwendet. Mögliche negative Aspekte werden als Risiken bezeichnet, da die Bezeichnung als Nachteile die Existenz von Vorteilen voraussetzen würde und gleichzeitig ein zwingendes Eintreten dieser nachteiligen Effekte vermuten ließe.

Es sei darauf hingewiesen, dass die Kategorien aufgrund von Interdependenzen zwischen verschiedenen Zielen und Risiken nicht gänzlich überschneidungsfrei sind. Auch kann ein Teil der Effekte gleichzeitig als Chance und Risiko angeführt werden. Diese Widersprüchlichkeit ist auf die Notwendigkeit einer Berücksichtigung der unternehmensindividuellen Situation zurückzuführen.[38] Ferner kann angenommen werden, dass sich die nachfolgend aufgeführten Effekte überwiegend auf das externe Outsourcing beziehen, da diese Form, wie zu Beginn des Kapitels dargelegt, dem ursprünglichen Begriffsverständnis entspricht. Es kann daher davon ausgegangen werden, dass das externe Outsourcing im Outsourcingverständnis aller Quellen unabhängig von Erscheinungsjahr, thematischem Schwerpunkt und sonstigen Charakteristika inbegriffen ist. Es soll nicht Anspruch der vorliegenden Ausarbeitung sein, sämtliche Effekte des Outsourcings lückenlos aufzuzeigen. Hingegen soll mithilfe von Abb. 2.1 ein Grundverständnis für die vielfältigen Ziele und Risiken des Outsourcings geschaffen werden.

---

[35] Gutmann, 2017, S. 70; Schewe/Kett, 2007, S. 12 ff.; Hollekamp, 2005, S. 41 ff.; Oecking, 2000, S. 103; Nagengast, 1997, S. 88 ff.

[36] Schewe/Kett, 2007, S. 13 ff.

[37] Küchler, 2000, S. 148; Oecking, 2000, S. 103; Stamm, 2000, S. 218; Nagengast, 1997, S. 88 ff.

[38] Kantsperger, 2007, S. 345 f.

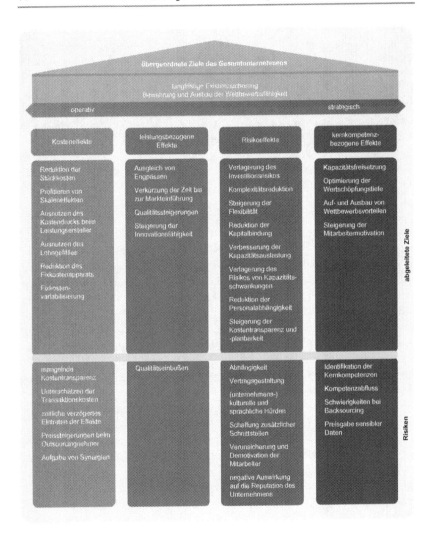

Abb. 2.1   Ziele und Risiken des Outsourcings

Aufgrund der Relevanz für einen der nachfolgend vorgestellten Ansätze wird das strategische Ziel, die Wertschöpfungstiefe des Unternehmens zu optimieren, nachfolgend in stark vereinfachter Form beleuchtet. Die Wertschöpfungstiefe beschreibt, vereinfacht ausgedrückt, wie viele Wertschöpfungsstufen, also einen Mehrwert generierende Aktivitäten, im Unternehmen zusammengefasst werden. Während die Konzentration auf die Kernkompetenzen tendenziell einer Verringerung der Wertschöpfungstiefe entspricht, ist auch eine Ausweitung der Wertschöpfungstiefe durch vertikale Integration möglich. In vertikal integrierten Unternehmen werden zwei oder mehrere Wertschöpfungsstufen zusammengefasst. Die Entscheidung über das Ausmaß der vertikalen Integration kann als Ausprägung des Outsourcings verstanden werden. Outsourcingobjekte sind dabei anderen Aktivitäten des Unternehmens vor- oder nachgelagerte Aktivitäten.[39]

Die vielfältigen Effekte machen die Komplexität der Outsourcingentscheidung deutlich. Aufgrund dieser werden Outsourcingentscheidungen in Unternehmen typischerweise als Kollektiventscheidungen getroffen. Es sind folglich mehrere Personen oder Personengruppen mittelbar oder unmittelbar in die Entscheidung eingebunden, was die Notwendigkeit einer Berücksichtigung vielfältiger Interessen begründet.[40] Auch wenn das Management als Personengruppe mit Anweisungsbefugnissen üblicherweise als ein Entscheidungsträger fungiert, greift eine Interpretation der Outsourcingentscheidung als Managemententscheidung streng genommen zu kurz.[41] Die vorliegende Betrachtung beschränkt sich daher nicht auf die Perspektive einer bestimmten Personengruppe, um eine umfassende Betrachtung potenzieller Ansätze zur Ableitung von Kriterien zur Fundierung von Outsourcingentscheidungen zu ermöglichen.

Zusammenfassend wird unter Outsourcing im weiteren Verlauf der Auseinandersetzung der Prozess der Planung, Steuerung und Kontrolle des Ressourcenbezugs für die Eigenerbringung und Fremdvergabe einer Aktivität oder Aktivitätenabfolge zur betrieblichen Leistungserstellung verstanden. Die Outsourcingentscheidung wird als wesentlicher Bestandteil dieses Prozesses interpretiert und ist in einem Spektrum verschiedener Ziele und Risiken und den damit verbundenen vielfältigen Interessen der an der Entscheidung beteiligten Personengruppen zu sehen.

---

[39] Haller/Wissing, 2020, S. 240; Porter, 2013, S. 375 ff.; Koch, 2006, S. 7 ff.; Leykauf, 2006, S. 6 ff.

[40] Zmuda, 2006, S. 27 ff.

[41] Zmuda, 2006, S. 34 ff.

2.2   Die Veranstaltungsbranche

2.2.1   Der Branchenbegriff

Im Rahmen seiner Branchenstrukturanalyse prägt Porter das Verständnis des Branchenbegriffs.[42] Er definiert eine Branche als Gruppe von Unternehmen, welche „Produkte herstellen, die sich gegenseitig nahezu ersetzen können"[43]. Aufgrund der teilweise kritisierten Praxisferne einer isolierten Betrachtung von Sachgütern und Dienstleistungen wird in der vorliegenden Ausarbeitung von der Existenz hybrider Leistungen ausgegangen, welche innerhalb einer Gesamtleistungssystematik nach den Kriterien Immaterialität und Interaktionsgrad zwischen Kunde und Anbieter eingeordnet werden können. Sind die Ausprägungen dieser Kriterien niedrig, entspricht dies dem klassischen Verständnis eines Sachguts. Sind sie hingegen hoch, weist die Leistung Dienstleistungseigenschaften auf. Hybride Leistungen können als integrierte Bündel materieller und immaterieller Leistungsbestandteile begriffen werden.[44]

Nachfolgend wird daher, unabhängig von der Einordnung innerhalb der Gesamtleistungssystematik, der Terminus Leistung verwendet. Basierend auf dieser Annahme soll die Begriffsdefinition nach Porter auf jegliche Leistungen bezogen werden. Die vorliegende Ausarbeitung konzentriert sich auf die Betrachtung von Outsourcingentscheidungen in der Veranstaltungswirtschaft. Die Leistungen, welche nach Porters Definition den Kern der Branche darstellen, sind demnach Veranstaltungen wie Messen, Kongresse, Ausstellungen, Events (und deren diverse Ausgestaltungsformen) und unmittelbar mit ihnen zusammenhängende Leistungen (wie zum Beispiel Catering, Veranstaltungstechnik, Veranstaltungsmarketing, Ticketing, Veranstaltungssicherheit, Messebau, Agenturleistungen).

2.2.2   Veranstaltungen als Dienstleistungen

Eine Betrachtung der im vorangehenden Unterabschnitt erwähnten Kernleistungen der Akteure der Veranstaltungsbranche macht deutlich, dass diese überwiegend Dienstleistungscharakteristika aufweisen. Unabhängig von der Distanzierung von einer strikten Trennung in Sachgüter und Dienstleistungen werden

---

[42] Porter, 2013, S. 37 ff.; Zmuda, 2006, S. 99 ff.

[43] Porter, 2013, S. 39.

[44] Haller/Wissing, 2020, S. 22; Böhmann/Krcmar, 2007, S. 241 ff.; Hardt, 1996, S. 9 ff.

daher die konstitutiven Dienstleistungsmerkmale betrachtet. Bezieht sich eine Aussage speziell auf Leistungen, denen nach der Leistungssystematik ein hoher Dienstleistungscharakter beigemessen werden kann, so wird nachfolgend zur Gewährleistung eines besseren Leseflusses vereinfachend der Begriff Dienstleistung verwendet.

Eine Veranstaltung als solche ist immateriell. Dies gilt auch für die Kernleistungen der beteiligten Zulieferer.[45] Beispielsweise ist das von der Agentur entwickelte Veranstaltungskonzept intangibel und auch der Caterer, der zwar materielle Nahrungsmittel einsetzt, erbringt durch das Zubereiten und Bewirten im Kern eine unstoffliche Leistung. Dienstleistungen sind folglich durch einen hohen Anteil an Erfahrungs- und Vertrauenseigenschaften gekennzeichnet, wodurch eine ex ante-Beurteilung der Leistung erschwert wird bzw. kaum möglich ist.[46] Veranstaltungen können als Erfahrungsleistungen eingestuft werden.[47] So können bei einer Messeveranstaltung Qualität und Quantität von Besuchern und Ausstellern ex post anhand der gesammelten Daten, beispielsweise durch die Gesellschaft zur Freiwilligen Kontrolle von Messe- und Ausstellungszahlen (FKM), beurteilt werden. Mit zunehmendem Anteil der Erfahrungs- und Vertrauenseigenschaften steigt das kundenseitig wahrgenommene Risiko bei einer Inanspruchnahme der Leistung. Die Leistungsbeurteilung erfolgt vor allem über das Leistungspotenzial und den Prozess der Leistungserstellung.[48] Die Präsenz des Erstellungsprozesses im Zentrum der Kundenwahrnehmung begründet eine strategische Bedeutung der Interaktion zwischen Anbieter und Kunde.[49] Üblicherweise versuchen Anbieter, die Unsicherheit auf Abnehmerseite zu reduzieren, indem sie ihr Leistungsversprechen z. B. durch Auszeichnungen, Personalqualifikationen oder Infrastruktur untermauern und materialisieren.[50]

Charakteristisch für Dienstleistungen ist die Integration der Kunden und bzw. oder ihrer Objekte in den Leistungserstellungsprozess.[51] Bei einem Kongress bilden beispielsweise die Teilnehmer aus der Perspektive des Veranstalters den zu integrierenden externen Faktor. Für die Zulieferer wie das Sicherheitsunternehmen oder den Technikdienstleister stellt die Veranstaltung bzw. der Veranstalter

---

[45] Michel, 2003, S. 532 f.

[46] Michel, 2003, S. 528 f.; Picot/Hardt, 1998, S. 633 f.

[47] Grega, 2013, S. 50 f.; Michel, 2003, S. 532.

[48] Grega, 2013, S. 41; Picot/Hardt, 1998, S. 635.

[49] Picot/Hardt, 1998, S. 635.

[50] Grega, 2013, S. 41 f.; Nittbaur, 2001, S. 84 ff.; Picot/Hardt, 1998, S. 634.

[51] Nittbaur, 2001, S. 85 f.; Picot/Hardt, 1998, S. 634.

den externen Faktor dar.[52] Die beschriebene Notwendigkeit der Integration der externen Faktoren ist ursächlich für Qualitätsschwankungen.[53] Nach dem Uno-actu-Prinzip erfolgen die Erstellung und der Konsum der Leistung zeitgleich. Zur Leistungserstellung bedarf es daher einer zeitlichen und räumlichen Synchronisation der Faktoren. Damit einher gehen die Nicht-Lagerfähigkeit sowie die Nicht-Transportfähigkeit von Dienstleistungen.[54] So ist die multisensuelle Veranstaltung trotz vielfältiger Maßnahmen zur Wirkungsverlängerung wie der Bereitstellung im Nachgang abrufbarer Videomitschnitte ausschließlich zum jeweiligen Veranstaltungstermin erlebbar.

2.3   Outsourcing in der Veranstaltungsbranche

Aufbauend auf den Darlegungen der vorherigen Unterabschnitte wird nun der Outsourcingbegriff im Branchenkontext betrachtet. Dabei wird die Relevanz des Outsourcings für die gesamte Breite der Akteure der Veranstaltungsbranche evident. So ist für Messegesellschaften, die als Besitz- und Betriebsgesellschaften agieren, eine Zusammenarbeit mit einer Vielzahl von Zulieferern typisch. Das betrifft vor allem Leistungsbündel, die Besuchern und Ausstellern zusätzlich zur Messeveranstaltung angeboten werden wie z. B. Gastronomie- und Standbauleistungen. Gleichzeitig sind auch die Zulieferbetriebe mit der Entscheidung zwischen Fremdvergabe und Eigenerstellung von Leistungen konfrontiert, welche die Frage nach der Wertschöpfungstiefe des Unternehmens tangiert und damit als Entscheidung über das Ausmaß der vertikalen Integration begriffen werden kann.[55] Dies ist beispielsweise der Fall, wenn das Technikunternehmen eine externe Vergabe der Logistik zum Transport der Veranstaltungstechnik erwägt oder das Standbauunternehmen entscheidet, ob es eine eigene Schreinerei betreibt oder diese Leistung über einen externen Partner bezieht. Außerdem ist eine Fremdvergabe weniger branchenspezifischer Leistungen wie der Gehaltsabrechnung denkbar.[56] Durch die Dienstleistungscharakteristika der die Veranstaltungswirtschaft dominierenden Leistungen ergeben sich Besonderheiten für das Outsourcing in

---

[52] Haag, 2017, S. 516 f.

[53] Grega, 2013, S. 49 ff.; Nittbaur, 2001, S. 85.

[54] Grega, 2013, S. 42 ff.; Arzt, 2006, S. 30 f.; Nittbaur, 2001, S. 84 f.; Picot/Hardt, 1998, S. 634.

[55] Bannas, 2011, S. 15 ff.; Kopeinig/Gedenk, 2005, S. 233 f.

[56] Kopeinig/Gedenk, 2005, S. 231.

dieser Branche. So wird die Möglichkeit einer Fremdvergabe z. B. durch die Integration externer Faktoren in den Leistungserstellungsprozess und die damit verbundene mangelnde Transportfähigkeit eingeschränkt. Die Leistungserstellung am Unternehmensstandort ist für den Outsourcingnehmer damit vielfach unumgänglich.[57] Bezugnehmend auf die in Unterabschnitt 2.1.2 vorgestellte Dimension des Markt-Hierarchie-Kontinuums und bezogen auf Messeveranstalter führen Kopeinig/Gedenk daher beispielsweise die Ansiedelung des Outsourcingnehmers auf dem Messegelände als hierarchienahe Outsourcingform an.[58] Die Ausführungen dieses Abschnitts haben die Objekte und Spezifika von Outsourcingentscheidungen in der Veranstaltungsbranche dargelegt und damit eine Verquickung der begrifflichen Grundlagen geleistet.

---

[57] Picot/Hardt, 1998, S. 637.
[58] Kopeinig/Gedenk, 2005, S. 234.

Ansätze zur Fundierung von Outsourcingentscheidungen in der Veranstaltungsbranche

3

3.1 Vorstellung der methodischen Vorgehensweise

Die Entscheidung über Outsourcingmaßnahmen stellt im Allgemeinen sowie in der Veranstaltungsbranche im Speziellen ein komplexes Forschungsproblem dar.[1] Mit der Definition von Kriterien zur Fundierung von Outsourcingentscheidungen wird das diffizile Entscheidungsproblem heruntergebrochen und damit ein wesentlicher Schritt zur Entscheidungsunterstützung geleistet.[2]

Zur Komplexitätsreduktion der Entscheidungsfindung werden in Theorie und Praxis verschiedene Ansätze herangezogen. Während in der Praxis häufig pragmatische Ansätze sowie der Ansatz der Kostenvergleichsrechnung Anwendung finden, existieren außerdem in der Praxis weniger relevante, aber theoretisch hochfundierte Ansätze, welche in Entscheidungssituationen bezüglich Outsourcing einbezogen werden können.[3] Diese Ansätze wurden nicht originär für das Outsourcing entwickelt und bilden daher nicht alle Zusammenhänge des Outsourcingprozesses ab. Stattdessen beleuchten sie unterschiedliche Facetten und sind für die verschiedenen Outsourcingphasen in unterschiedlichem Maße geeignet. Innerhalb der theoretisch hochfundierten Ansätze konzentriert sich die Auseinandersetzung auf jene Ansätze, welche zur Fundierung von Outsourcingentscheidungen herangezogen werden. Dies sind insbesondere die Transaktionskostentheorie und der Ressourcenansatz.[4] Darüber hinaus wird der Ansatz nach Harrigan erläutert, welcher sich weder den in der Praxis besonders relevanten

---

[1] Zmuda, 2006, S. 26 ff.; Kopeinig/Gedenk, 2005, S. 229 ff.; Kang, 2003, S. 44 ff.

[2] Fantapié Altobelli, 2017, S. 33 ff.; Döring/Bortz, 2016, S. 24 ff.

[3] Kantsperger, 2007, S. 344 ff.; Zmuda, 2006, S. 26 ff.; Picot/Hardt, 1998, S. 628 ff.

[4] Mikus, 2009, S. 67 ff.; Kantsperger, 2007, S. 347 ff.; Zmuda, 2006, S. 45 ff.; Hollekamp, 2005, S. 78 ff.; Nagengast, 1997, S. 184 ff.

© Der/die Autor(en), exklusiv lizenziert an Springer Fachmedien Wiesbaden GmbH, ein Teil von Springer Nature 2023
V. I. Grimm und P. Haag, *Make or Buy – Outsourcing in der Veranstaltungsbranche*, essentials, https://doi.org/10.1007/978-3-658-40332-4_3

noch den theoretisch hochfundierten Ansätzen eindeutig zuordnen lässt. Auf die Hintergründe dieser Sonderstellung wird an entsprechender Stelle eingegangen. Abb. 3.1 gibt einen Überblick über die im Folgenden vorgestellten Ansätze. Die in der Literatur angeführten Ansätze beziehen sich originär überwiegend auf Sachgüter.[5] Wie verschiedene Publikationen zeigen, ist jedoch häufig eine Übertragung auf Dienstleistungen möglich.[6] Picot/Hardt und Nagengast weisen allerdings auf die Notwendigkeit einer Berücksichtigung dienstleistungsspezifischer Besonderheiten hin.[7] Basierend auf den geschilderten Dienstleistungs- und Branchenspezifika erfolgt daher eine Beurteilung der branchenbezogenen Eignung aus der Perspektive von Unternehmen der Veranstaltungswirtschaft.

Es soll nicht Anspruch der vorliegenden Auseinandersetzung sein, die in der Literatur an den verschiedenen Ansätzen geäußerten Kritikpunkte in ihrer Tiefe zu beleuchten. Insbesondere zu Transaktionskostentheorie und Ressourcenansatz sei an dieser Stelle beispielsweise auf Zmuda verwiesen.[8] Der Schwerpunkt der Ausführungen liegt auf solchen Aspekten, die für die Beurteilung der Eignung zur Ableitung von Kriterien herangezogen werden können.

Die vorliegende Ausarbeitung konzentriert sich auf Ansätze, welche bewusst von Entscheidungsträgern herangezogen werden können. Ferner ist eine Untersuchung von Ansätzen, welche zur Erklärung bereits getroffener Entscheidungen verwendet werden können, denkbar. So ist beispielsweise eine Untersuchung kultureller Einflüsse auf die Entscheidungsfindung möglich.[9] Diese ex post zur Erklärung genutzten Ansätze werden aufgrund der Zielsetzung der Ausarbeitung jedoch nicht näher betrachtet. Teilweise liefern die Ansätze, welche eine Ableitung von Kriterien ermöglichen, gleichsam Ansätze zur Beurteilung der Kriterienerfüllung.[10] Diese stellen jedoch nicht den Schwerpunkt der Betrachtung dar und werden daher nur oberflächlich thematisiert.

Aufbauend auf der übergeordneten Fragestellung und den abgeleiteten Teilfragen werden nachfolgend die Ansätze vorgestellt, welche in der Literatur zur Fundierung von Outsourcingentscheidungen herangezogen werden. Um unmittelbar auf die Annahmen der einzelnen Ansätze eingehen zu können, erfolgt im Anschluss an die Vorstellung jedes Ansatzes eine branchenbezogene Beurteilung.

---

[5] Picot/Hardt, 1998, S. 632; Nagengast, 1997, S. 173 ff.

[6] Kantsperger, 2007, S. 344 ff.; Zmuda, 2006, S. 45 ff.; Picot/Hardt, 1998, S. 632 ff.; Nagengast, 1997, S. 198 ff.

[7] Picot/Hardt, 1998, S. 633; Nagengast, 1997, S. 198 ff.

[8] Zmuda, 2006, S. 72 ff.

[9] Dibbern/Chin/Heinzl, 2012, S. 466 ff.; Kang, 2003, S. 7.

[10] Picot/Hardt, 1998, S. 632; Harrigan, 1983, S. 35.

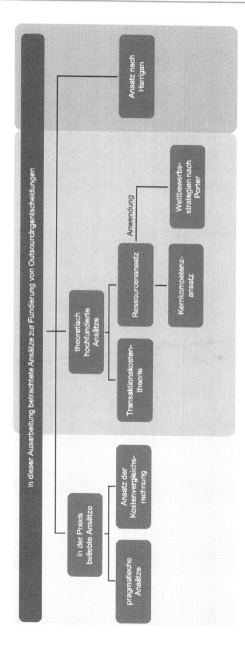

Abb. 3.1 In der vorliegenden Ausarbeitung betrachtete Ansätze

3.2   In der Praxis beliebte Ansätze

3.2.1   Die pragmatischen Ansätze

Vorstellung der pragmatischen Ansätze

In der Unternehmenspraxis zur Fundierung von Outsourcingentscheidungen beliebt sind pragmatische Ansätze. Grundlage dieser ist eine Gegenüberstellung der Vor- und Nachteile von Outsourcingmaßnahmen. Diese wurden bereits als Ziele und Risiken des Outsourcings dargestellt und werden daher nicht erneut aufgegriffen. Zur Bewertung der Handlungsalternativen können Instrumente wie Checklisten, Portfoliomodelle und Punktbewertungsmodelle eingesetzt werden.[11]

Beurteilung der pragmatischen Ansätze

Die Aussagekraft pragmatischer Ansätze hängt von den zur Alternativenbewertung gewählten Instrumenten ab.[12] Allgemein werden sie in der Literatur jedoch für ihre mangelnde Operationalisierung und eine fehlende theoretische Fundierung kritisiert.[13] Unter Operationalisierung wird die Messbarkeit eines Ansatzes bzw. seiner Größen und Aspekte verstanden. Die Operationalisierung kann als Abfolge von zwei Schritten interpretiert werden. So erfordert sie zunächst die Identifikation von Indikatoren bzw. Subgrößen, die, im Gegensatz zur betrachteten Größe selbst, messbar sind. Der zweite Schritt besteht in einer Erfassung der Ausprägung dieser Subgröße durch eine Messoperation.[14]

Auch wird bereits die Identifikation relevanter Vor- und Nachteile ex ante als problematisch eingeschätzt, zumal einem Teil der Effekte sowohl eine nachteilige als auch eine vorteilhafte Wirkung zukommen kann.[15] Pragmatische Ansätze lassen Spielraum für subjektive Einschätzungen und ermöglichen damit eine unternehmenspolitische Instrumentalisierung.[16] Die Ansätze eröffnen zwar einen Blick auf verschiedene möglicherweise relevante Kriterien. Gleichwohl findet ein Großteil der Aspekte auch in den theoretisch hochfundierteren Ansätzen Berücksichtigung, wie nachfolgend verdeutlicht werden soll.[17]

---

[11] Vahrenkamp/Kotzab, 2017, S. 221 ff.; Kantsperger, 2007, S. 345 f.; Picot/Hardt, 1998, S. 628; Nagengast, 1997, S. 177 ff.

[12] Vahrenkamp/Kotzab, 2017, S. 221 f.; Kantsperger, 2007, S. 346.

[13] Kantsperger, 2007, S. 346; Picot/Hardt, 1998, S. 628; Nagengast, 1997, S. 183.

[14] Helfrich, 2016, S. 51 f.

[15] Kantsperger, 2007, S. 345 f.; Picot/Hardt, 1998, S. 628.

[16] Vahrenkamp/Kotzab, 2017, S. 223; Kantsperger, 2007, S. 346; Nagengast, 1997, S. 183.

[17] Kantsperger, 2007, S. 350.

Aufgrund der angeführten Kritikpunkte kann festgehalten werden, dass pragmatischen Ansätzen branchenunabhängig nur eine unterstützende Funktion in der Ableitung von Kriterien zur Fundierung von Outsourcingentscheidungen zukommen sollte.[18] So kann beispielsweise eine Checkliste nach der Identifikation von Kriterien auf Basis fundierterer Theorien den Entscheidungsträgern möglicherweise noch nicht einbezogene Kriterien mit Entscheidungsrelevanz aufzeigen.

3.2.2 Der Ansatz der Kostenvergleichsrechnung

Vorstellung des Ansatzes der Kostenvergleichsrechnung
Zur Bewertung monetärer Kriterien finden in der Praxis häufig die Ansätze der Investitionsrechnung Anwendung. Diese können in statische und dynamische Verfahren unterschieden werden.[19] Den statischen Verfahren ist die Kostenvergleichsrechnung zuzuordnen.[20] Aufgrund der vielfachen Anführung der Kostenvergleichsrechnung in der Outsourcingliteratur wird diese nachfolgend erläutert.[21]

Bei der Kostenvergleichsrechnung werden üblicherweise komparative Rechnungen zwischen den Angeboten potenzieller Outsourcingnehmer und den Kosten der Eigenerstellung angestellt. Diese werden typischerweise durch die Preisobergrenze abgebildet, welche sich auf den Betrag beläuft, den ein Unternehmen für die jeweilige Leistung am Beschaffungsmarkt zu zahlen bereit ist. Liegt das Angebot unterhalb der ermittelten Preisobergrenze, so ist die Outsourcingmaßnahme als vorteilhaft zu bewerten und vice versa. Bei einer exakten Übereinstimmung ist das Unternehmen den Alternativen gegenüber indifferent.[22]

Zur Ermittlung der Preisobergrenze werden im Wesentlichen vier Entscheidungssituationen differenziert. Allen vier Situationen gemein ist die Berücksichtigung der variablen Kosten, welche im Gegensatz zu Fixkosten von der Produktionsmenge abhängig sind. Fixe Kosten sind nur dann als entscheidungsrelevant zu betrachten, wenn sie bei Fremdbezug abgebaut werden können.[23]

---

[18] Kantsperger, 2007, S. 346; Picot/Hardt, 1998, S. 628; Nagengast, 1997, S. 183.

[19] Vahrenkamp/Kotzab, 2017, S. 220 f.; Picot/Hardt, 1998, S. 628 f.; Nagengast, 1997, S. 174 ff.

[20] Vahrenkamp/Kotzab, 2017, S. 220.

[21] Vahrenkamp/Kotzab, 2017, S. 220 f.; Macha, 2011, S. 203; Reichmann/Palloks, 2000, o. S.

[22] Macha, 2011, S. 203; Reichmann/Palloks, 2000, o. S.

[23] Deitermann et al., 2019, S. 488; Macha, 2011, S. 205 ff.; Reichmann/Palloks, 2000, o. S.; Picot/Hardt, 1998, S. 629.

Beurteilung des Ansatzes der Kostenvergleichsrechnung

Der Nutzen von Kostenvergleichsrechnungen wird in der Literatur vor allem bei kurzfristigen Outsourcingentscheidungen gesehen.[24] Die Frage, welche Kosten bei längerfristigen Entscheidungen zugrunde zu legen sind, wird in der Literatur kontrovers diskutiert.[25] Teilweise wird gänzlich davon abgeraten, langfristige Entscheidungen auf kostenrechnerische Ansätze zu stützen.[26] So weisen auch Reichmann/Palloks auf die eingeschränkte Aussagekraft der Preisobergrenzenkalkulation hin und nehmen Anpassungen vor, um Problematiken des Ansatzes abzuschwächen. Beispielsweise identifizieren sie eine Kalkulation auf Basis von Plankosten als Möglichkeit, um der teilweise kritisierten Entscheidungsfindung auf Grundlage von Vergangenheitsdaten entgegenzuwirken.[27] Plankosten können, vereinfacht ausgedrückt, als im Voraus kalkulierte Kosten mit Orientierungsfunktion verstanden werden.[28]

Zudem kann die ausschließliche Betrachtung von Kostenaspekten zur Fundierung einer Outsourcingentscheidung als unzureichend angesehen werden, wie die vielfältigen Effekte des Outsourcings aufgezeigt haben. Dies trifft insbesondere auf Dienstleistungen zu, für die Kriterien wie die Qualifikation des Personals aufgrund der oben erläuterten Interaktion von Leistungsersteller und Kunde von besonderer Bedeutung sind.

Darüber hinaus wird eine Betrachtung absoluter Kostenwerte in der Literatur teilweise als problematisch erachtet.[29] So konstatieren Picot/Hardt, dass Dienstleistungen im Vergleich zu Sachgütern typischerweise einen relativ geringen Anteil kurzfristiger variabler Kosten aufweisen.[30] Der Fixkostenanteil ist üblicherweise hoch, wodurch der Problematik der Identifikation entscheidungsrelevanter Kosten eine besondere Bedeutung zukommt.[31] Beispielhaft für einen hohen Fixkostenanteil der Leistungen bei Unternehmen der Veranstaltungswirtschaft können an dieser Stelle die Personalkosten, welche bei der Veranstaltungsvorbereitung, -durchführung und -nachbereitung anfallen sowie die vorzuhaltenden Ressourcen angeführt werden.[32] Als Herausforderung eines quantitativen Kostenvergleichs seien zusätzlich

[24] Vahrenkamp/Kotzab, 2017, S. 221; Macha, 2011, S. 203; Kantsperger, 2007, S. 345 f.

[25] Picot/Hardt, 1998, S. 629.

[26] Macha, 2011, S. 203.

[27] Reichmann/Palloks, 2000, o. S.

[28] Deitermann et al., 2019, S. 493.

[29] Nagengast, 1997, S. 175 ff.

[30] Picot/Hardt, 1998, S. 629.

[31] Meffert/Bruhn/Hadwich, 2018, S. 346.

[32] Robertz, 1999, S. 74.

die Besonderheiten in der Preisfestlegung von Dienstleistungen angeführt. Beispielsweise ist eine exakte Preisfestlegung vor der Leistungserstellung häufig nicht möglich, weshalb die Leistungsanbieter teilweise zeitbezogene Verrechnungssätze wählen. Beispielhaft können an dieser Stelle Sicherheitsdienstleistungen genannt werden. Außerdem kann sich aufgrund eines intransparenten Preisgefüges bereits die Informationsbeschaffung als Grundlage eines Kostenvergleichs für das Unternehmen als kostenintensiv herausstellen, z. B. weil es der Einholung detaillierter Angebote bedarf.[33]

Der Ansatz der Kostenvergleichsrechnung erscheint aufgrund der dargelegten Problematiken für eine Ableitung von Kriterien zur Fundierung von Outsourcingentscheidungen nur eingeschränkt geeignet. Auch Erweiterungen des Ansatzes, wie sie beispielsweise von Reichmann/Palloks vorgenommen werden, können den geschilderten Problematiken nur bedingt entgegenwirken.

3.3 Theoretisch hochfundierte Ansätze

3.3.1 Die Transaktionskostentheorie

Vorstellung der Transaktionskostentheorie

Den theoretisch hochfundierten Ansätzen ist die Transaktionskostentheorie zuzuordnen, welche auf Coase und in ihrer Weiterentwicklung auf Williamson zurückgeht und in der Literatur häufig zur Fundierung von Outsourcingentscheidungen herangezogen wird.[34]

Das Ziel der Transaktionskostentheorie besteht in der Ermittlung der effizientesten Abwicklungsform einer Transaktion.[35] Effizienzmaßstab sind die Gesamtkosten, die sich aus den Transaktions- und Produktionskosten zusammensetzen. Die Vorteilhaftigkeit einer Alternative ergibt sich aus einem relativen Vergleich dieser Gesamtkosten.[36] Die betrachteten Handlungsalternativen beziehen sich auf

---

[33] Meffert/Bruhn/Hadwich, 2018, S. 346; Nagengast, 1997, S. 35 ff.

[34] Jung, 2015, S. 34 f.; Kantsperger, 2007, S. 344 ff.; Hollekamp, 2005, S. 36 ff.; Nagengast, 1997, S. 185 f.

[35] Kantsperger, 2007, S. 347; Hollekamp, 2005, S. 84; Nagengast, 1997, S. 186 f.

[36] Ebers/Gotsch, 2019, S. 227 ff.; Jung, 2015, S. 35; Kantsperger, 2007, S. 347; Zmuda, 2006, S. 69 ff.; Nagengast, 1997, S. 187.

die oben dargestellte Dimension des Markt-Hierarchie-Kontinuums.[37] Die Theorie
verzichtet auf die Ermittlung der Höhe der absoluten Kosten.[38]
Die Transaktion ist weniger als physischer Transfer von Leistungen zu verstehen,
vielmehr liegt der Fokus auf den mit der Leistungserstellung zusammenhängenden
Koordinationsaktivitäten.[39] Eine eindeutige Definition des Transaktionskostenbe-
griffs existiert nicht, die Erschließung des Terminus erfolgt vielfach über eine
Enumeration von Kostenkategorien, die den Transaktionskosten zugeordnet werden können. In Abhängigkeit vom Zeitpunkt des Entstehens der Kosten wird in
ex ante- und ex post-Transaktionskosten differenziert. Ersteren sind Anbahnungs-
und Vereinbarungskosten zuzuordnen, Letztere umfassen Kontroll- und Anpas-
sungskosten.[40] Es sei darauf hingewiesen, dass auch bei der Eigenerstellung
Transaktionskosten anfallen, weshalb in der Literatur eine Differenzierung in
externe und interne Transaktionskosten vorgenommen wird.[41] Die Transaktionskosten entstehen durch ein Zusammenspiel aus dem Verhalten der Akteure, also
Outsourcingnehmer und -geber, sowie der Umweltbeschaffenheit. Die Annahme
einer begrenzten Rationalität geht von unvollständiger Information und einer
eingeschränkten Fähigkeit der Akteure zur Informationsverarbeitung aus. Infol-
gedessen entstehen Kosten zur Prävention verschiedener Eventualitäten sowie für
Nachverhandlungen, die wegen unvorhersehbaren Ereignissen erforderlich werden.
Außerdem wird den Akteuren unterstellt, die Durchsetzung der eigenen Interessen
hinterlistig zu verfolgen. Dieses opportunistische Verhalten begründet die Notwendigkeit einer Absicherung gegen mögliche Vertragsbrüche sowie Aktivitäten der
Kontrolle und Steuerung, wodurch ebenfalls Kosten verursacht werden.[42]
Die Transaktionskostentheorie identifiziert drei Größen mit wesentlichem Einfluss auf die Höhe der Transaktions- und Produktionskosten.[43] Der Spezifität,
welche sich aus den transaktionsspezifischen Investitionen ergibt, wird dabei der

---

[37] Jung, 2015, S. 35 ff.; Kantsperger, 2007, S. 347; Hollekamp, 2005, S. 84; Nagengast, 1997,
S. 193 f.

[38] Nagengast, 1997, S. 196 f.

[39] Ebers/Gotsch, 2019, S. 227; Kant, 2003, S. 33; Nagengast, 1997, S. 187.

[40] Jung, 2015, S. 35; Hollekamp, 2005, S. 84; Nagengast, 1997, S. 188.

[41] Mikus, 2009, S. 72 ff.; Zmuda, 2006, S. 47 ff.; Mayer/Söbbing, 2004, S. 54 ff.; Erlei/Jost,
2001, S. 38 ff.

[42] Ebers/Gotsch, 2019, S. 228 f.; Jung, 2015, S. 35 f.; Kantsperger, 2007, S. 347; Nagengast,
1997, S. 189 ff.

[43] Ebers/Gotsch, 2019, S. 230 ff.; Jung, 2015, S. 37 ff.; Kantsperger, 2007, S. 347 f.; Hollekamp, 2005, S. 93; Picot/Hardt, 1998, S. 631 f.; Nagengast, 1997, S. 191 ff.

größte Einfluss zugeschrieben.[44] Die Spezifität drückt den Grad der anderweitigen Einsetzbarkeit eines Transaktionsobjekts im Vergleich zu seiner bisherigen Verwendung aus. Wie zuvor dargelegt, sind im Outsourcingkontext unter Transaktionsobjekten einzelne Aktivitäten oder Prozesse zu verstehen. Die zweitbedeutendste Determinante ist die Unsicherheit.[45] Das opportunistische Verhalten der Partner ist Auslöser einer Verhaltensunsicherheit innerhalb der Transaktionsbeziehung. Ferner entsteht durch externe Störungen eine Umweltunsicherheit, welche die Häufigkeit und das Ausmaß von Nachverhandlungen steigert und damit als Treiber der externen Transaktionskosten wirkt.[46] Auslöser von Unsicherheit kann zudem eine geringe Anzahl potenzieller Outsourcingnehmer sein. Diese kann ex ante bestehen oder ex post durch eine zunehmende Abhängigkeit auftreten.[47] Als dritte Einflussgröße ist die Häufigkeit anzuführen.[48] In der Literatur können unterschiedliche Begriffsverständnisse dieser Determinante identifiziert werden. Einerseits wird die Größe als Häufigkeit gleichartiger Vertragsschlüsse zur Leistungserstellung verstanden.[49] Andererseits kann sich die Häufigkeit auch auf die Leistungserstellung als solche beziehen.[50]

Während teilweise versucht wird, die Determinanten in ihren verschiedenen Ausprägungen als Kostentreiber bzw. Größen mit reduzierendem Einfluss einzuordnen, greift dies streng genommen zu kurz.[51] Eine genauere Untersuchung der angeführten Argumente lässt vermuten, dass sich dabei auf die Betrachtung der externen Transaktionskosten beschränkt wird. Um von den Determinanten ausgehend Tendenzempfehlungen für die Wahl einer Koordinationsform innerhalb des Markt-Hierarchie-Kontinuums ableiten zu können, bedarf es jedoch gleichsam einer Berücksichtigung der internen Transaktionskosten.[52]

---

[44] Jung, 2015, S. 37; Kantsperger, 2007, S. 347; Zmuda, 2006, S. 70; Nagengast, 1997, S. 191 f.

[45] Jung, 2015, S. 37 ff.; Nagengast, 1997, S. 192.

[46] Jung, 2015, S. 41 f.; Mikus, 2009, S. 73; Kantsperger, 2007, S. 347; Zmuda, 2006, S. 67; Nagengast, 1997, S. 190 ff.

[47] Picot et al., 2020, S. 22; Nagengast, 1997, S. 190.

[48] Zmuda, 2006, S. 66 f.; Hollekamp, 2005, S. 84; Kopeinig/Gedenk, 2005, S. 240; Nagengast, 1997, S. 192 f.

[49] Zmuda, 2006, S. 66 f.; Nagengast, 1997, S. 192 f.

[50] Picot et al., 2020, S. 23; Mikus, 2009, S. 74; Kopeinig/Gedenk, 2005, S. 240.

[51] Nagengast, 1997, S. 191 ff.

[52] Mikus, 2009, S. 72 ff.; Zmuda, 2006, S. 47 ff.; Mayer/Söbbing, 2004, S. 54 ff.; Erlei/Jost, 2001, S. 38 ff.

Auf Basis der Auswirkungen der Determinanten auf die Höhe der Gesamtkosten können Tendenzen zur Wahl von Outsourcingformen innerhalb des Markt-Hierarchie-Kontinuums aus der Transaktionskostentheorie abgeleitet werden. So schätzt die Transaktionskostentheorie eine hierarchische Koordination bei hoher Spezifität und hoher Unsicherheit tendenziell effizienter ein als eine marktliche Abwicklung. Hingegen wird die Alternative Markt bei geringer Spezifität und geringer Unsicherheit als vorteilhaft erachtet.[53] Bei mittleren Ausprägungen der Einflussgrößen kommen hybride Koordinationsformen infrage.[54] Der Einflussgröße Häufigkeit kommt die Funktion eines Tendenzverstärkers zu, sodass sie bei hoher Spezifität die Tendenz zur hierarchischen Koordination untermauert. Spezifität und Unsicherheit werden jedoch als die entscheidenden Determinanten der Transaktionskostentheorie angesehen.[55] Abb. 3.2 fasst die beschriebenen Tendenzen für die beiden zentralen Determinanten zusammen. Der herausgehobenen Einflussnahme der Spezifität wird durch die Zonierung der Outsourcingempfehlungen Rechnung getragen.

Beurteilung der Transaktionskostentheorie

In der Literatur wird vielfach eine mangelnde Operationalisierung der Determinanten sowie der Transaktionskosten kritisiert.[56] Aufgrund des Verzichts auf eine Ermittlung absoluter Kostenwerte können lediglich Tendenzaussagen getroffen werden.[57] Kritik wird ferner wegen einer unzureichenden Berücksichtigung ressourcenbezogener Aspekte geübt.[58] Außerdem bemängeln verschiedene Autoren eine fehlende Dynamik.[59] Als Stärke der Transaktionskostentheorie kann angeführt werden, dass diese keine ausschließliche Kostenbetrachtung darstellt, sondern vielmehr verschiedene Einflussfaktoren auf die Kosten betrachtet. Die Transaktionskostentheorie umgeht die bei Dienstleistungen teilweise als problematisch angesehene Kostenkalkulation und ermöglicht dennoch eine Betrachtung monetärer Aspekte.[60]

---

[53] Jung, 2015, S. 38 ff.; Kantsperger, 2007, S. 347 f.; Zmuda, 2006, S. 70 f.

[54] Kantsperger, 2007, S. 348; Zmuda, 2006, S. 70.

[55] Mikus, 2009, S. 74; Kantsperger, 2007, S. 347 f.; Nagengast, 1997, S. 191 ff.

[56] Ebers/Gotsch, 2019, S. 205 ff.; Zmuda, 2006, S. 75; Hollekamp, 2005, S. 85.

[57] Zmuda, 2006, S. 74.

[58] Kantsperger, 2007, S. 348.

[59] Jung, 2015, S. 70; Zmuda, 2006, S. 75; Dibbern/Güttler/Heinzl, 1999, S. 8; Nagengast, 1997, S. 217 ff.

[60] Hollekamp, 2005, S. 91; Mayer/Söbbing, 2004, S. 54 ff.; Nagengast, 1997, S. 217 ff.

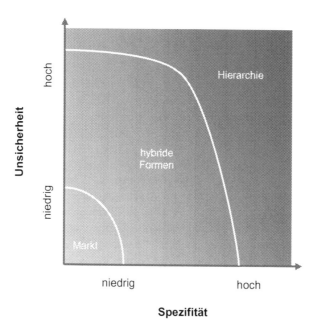

Abb. 3.2 Outsourcingempfehlungen in Abhängigkeit von Spezifität und Unsicherheit

Teilweise wird in Publikationen zur Transaktionskostentheorie von einer Betrachtung der Produktionskosten abgesehen.[61] Im Hinblick auf das in Abb. 2.1 angeführte mögliche Outsourcingziel einer Ausnutzung unterschiedlicher Lohnniveaus wird jedoch in dieser Auseinandersetzung an der zuvor geschilderten Zusammensetzung der Gesamtkosten als Effizienzmaßstab festgehalten. Dies gilt für Dienstleistungen aufgrund des typischerweise hohen Anteils der Personalkosten in besonderem Maße.[62]

Nagengast untersucht die Anwendbarkeit der ursprünglich im Zusammenhang mit materiellen Leistungen aufgegriffenen Transaktionskostentheorie auf Dienstleistungen. Er konstatiert eine grundsätzliche Eignung des Ansatzes für Dienstleistungen, nimmt jedoch Anpassungen an die vorgestellten Dienstleistungsspezifika vor. Anknüpfend an die Adaptionen nach Nagengast soll der Transaktionskostenbegriff wegen der für die Leistungen von Dienstleistern der Veranstaltungsbranche

---

[61] Kantsperger, 2007, S. 347 f.; Nagengast, 1997, S. 201 f.
[62] Nagengast, 1997, S. 201 ff.

charakteristischen Gleichzeitigkeit von Leistungserstellung und Verbrauch sowohl die Leistungserstellung als auch den Austausch bzw. die Koordinationsaktivitäten umfassen.[63]

Die Eignung der Transaktionskostentheorie zur Fundierung von Outsourcingentscheidungen bei Unternehmen der Veranstaltungswirtschaft kann durch einen Beitrag von Kopeinig/Gedenk untermauert werden. Die Autoren beschränken sich jedoch auf eine allgemeine Schilderung der Einflussfaktoren des Transaktionskostenansatzes innerhalb eines Beitrags zu Make-or-Buy-Entscheidungen von Messegesellschaften.[64]

Die nachfolgenden Ausführungen sollen das Potenzial der Transaktionskostentheorie zur Ableitung von Kriterien zur Fundierung von Outsourcingentscheidungen in der Veranstaltungsbranche daher mit einer branchenbezogenen Betrachtung der Determinanten aufzeigen. Zunächst wird dazu die Spezifität im Branchenkontext beleuchtet. Wie zuvor geschildert, sind Dienstleistungen häufig wissensintensiv.[65] Dies kann hohe spezifische Investitionen in personelle Ressourcen erwarten lassen. Verweisend auf das Know-how als eine der typischen Leistungen von Akteuren der Veranstaltungswirtschaft, kann zumindest bei einem Teil der Leistungen innerhalb der Branche von einer hohen Spezifität ausgegangen werden. Eng mit der Bedeutung spezifischen Know-hows und personeller Ressourcen verknüpft ist die Dimension Unsicherheit. So steigt die Abhängigkeit des Outsourcinggebers von dem von ihm ausgewählten Outsourcingnehmer mit zunehmender Spezifität der Transaktion. Die Anzahl potenzieller Outsourcingnehmer ist bei spezifischen Leistungen zumindest ex post gering, da ein Anbieterwechsel für das outsourcende Unternehmen mit großem Aufwand verbunden wäre.[66] Zudem sei an dieser Stelle auf die Bedeutung des Leistungserstellungsprozesses zur Unsicherheitsreduktion beim Abnehmer hingewiesen.[67] Ist der Erstellungsvorgang durch eine direkte Interaktion von Kunde und Leistungsersteller gekennzeichnet, ist ein Anbieterwechsel unmittelbar für den Kunden wahrnehmbar und könnte diesen verunsichern und damit das empfundene Risiko bei der Auftragserteilung erhöhen.

Die Transaktionskostentheorie scheint demnach für die Ableitung von Kriterien zur Fundierung von Outsourcingentscheidungen in der Veranstaltungswirtschaft geeignet. Mit dem Verzicht auf die Ermittlung absoluter Kostenwerte umgeht sie die

---

[63] Nagengast, 1997, S. 198 ff.

[64] Kopeinig/Gedenk, 2005, S. 237 ff.

[65] Picot/Hardt, 1998, S. 635.

[66] Nagengast, 1997, S. 200 ff.

[67] Picot/Hardt, 1998, S. 635.

Problematik der Kostenkalkulation bei Dienstleistungen und weist damit gegenüber dem Ansatz der Kostenvergleichsrechnung einen entscheidenden Vorteil auf.[68]

3.3.2 Der Ressourcenansatz

Vorstellung des Ressourcenansatzes
Den theoretisch hochfundierten Ansätzen ist außerdem der Ressourcenansatz zuzuordnen.[69] Dieser wird vor allem zur Erklärung von Wettbewerbsvorteilen herangezogen. Einzigartige Ressourcen des Unternehmens, welche sich im Laufe der Unternehmensgeschichte herausgebildet haben, werden als Basis dieser Wettbewerbsvorteile verstanden.[70]

Dem Ressourcenansatz können wiederum verschiedene Ansätze zugeordnet werden. Wie mit Blick auf die zuvor dargestellten Ziele des Outsourcings festgestellt werden kann, kommt dem hier zu verortenden Kernkompetenzansatz eine besondere Bedeutung zu.[71] Aufgrund des in der Outsourcingliteratur häufig angeführten Ziels einer Konzentration auf die Kernkompetenzen wird daher im Folgenden der Kernkompetenzansatz als Ausprägung des Ressourcenansatzes näher beleuchtet.[72]

Kernkompetenzen ergeben sich aus der Kombination von Ressourcen.[73] In der Fachliteratur besteht weitgehende Einigkeit über die Charakteristika von Kernkompetenzen. Dem Ressourcenansatz folgend, können Kernkompetenzen als distinktive Ressourcen eines Unternehmens verstanden werden. Sie sind daher einzigartig und für den Wettbewerb nicht oder nur schwer imitierbar und substituierbar, begründen Wettbewerbsvorteile und sind historisch gewachsen. Außerdem stiften sie unmittelbaren Kundennutzen.[74] Kernkompetenzen sind ferner durch eine zeitliche Stabilität

---

[68] Nagengast, 1997, S. 217 ff.

[69] Kantsperger, 2007, S. 344.

[70] Jung, 2015, S. 48; Kantsperger, 2007, S. 348; Zmuda, 2006, S. 85 ff.; Hollekamp, 2005, S. 87 ff.

[71] Haller/Wissing, 2020, S. 104; Schmelzer/Sesselmann, 2020, S. 136; Jung, 2015, S. 48 f.; Zmuda, 2006, S. 89 f.; Picot/Hardt, 1998, S. 630.

[72] Vahrenkamp/Kotzab, 2017, S. 213; Hodel/Berger/Risi, 2006, S. 17; Oecking, 2000, S. 103.

[73] Schmelzer/Sesselmann, 2020, S. 136; Zmuda, 2006, S. 90.

[74] Haller/Wissing, 2020, S. 104 f.; Schmelzer/Sesselmann, 2020, S. 136 f.; Steinmann/Schreyögg/Koch, 2013, S. 236 f.; Kantsperger, 2007, S. 348; Zmuda, 2006, S. 90 f.

gekennzeichnet und gelten unternehmensweit.[75] Als Ressourcenbündel können sie zwar materielle Ressourcen beinhalten, selbst sind sie jedoch immateriell.[76] Picot/Hardt unterscheiden drei Kompetenztypen eines Unternehmens. Differenzierungsmerkmal ist dabei vor allem der Stellenwert für den Kunden. Im Fokus des Kundeninteresses stehen die Kernkompetenzen, welche nach Picot/Hardt zur Verhinderung eines Verlusts von Wettbewerbsvorteilen intern erbracht werden sollten. Peripheriekompetenzen haben für den Kunden die geringste Bedeutung. Für sie wird eine marktliche Koordination empfohlen, um unternehmensintern Ressourcen freizusetzen und diese auf den Aufbau, Erhalt und Ausbau der eigenen Kernkompetenzen zu fokussieren. Die Wahl hybrider Formen erachten Picot/Hardt bei Komplementärkompetenzen, welche eine Zwischenform zwischen Kern- und Peripheriekompetenzen darstellen, als sinnvoll. So kann einerseits eine Konzentration auf die unternehmenseigenen Kernkompetenzen realisiert werden. Andererseits kann aber durch eine engere Bindung als bei der Alternative Markt ein stärkerer kontrollierender Einfluss ausgeübt werden.[77] Die Dimension Bezug zu den Kernkompetenzen aufgreifend, kann festgehalten werden, dass der Kernkompetenzansatz tendenziell von kernnahem Outsourcing abrät. Die empfohlenen Outsourcingformen sind jedoch nicht pauschal als beste Wahl zu verstehen. Vielmehr sollten Faktoren wie Interdependenzen zwischen verschiedenen Kompetenzen berücksichtigt werden, durch die z. B. auch bei Peripheriekompetenzen Insourcing sinnvoll sein kann. Ferner gilt es zu berücksichtigen, dass sämtliche Entscheidungen gegen Eigenerstellung aufgrund von vertraglichen Bindungen kurz- oder mittelfristig weitgehend irreversibel sind, was ein bei volatilen Umweltbegebenheiten erforderliches dynamisches Ressourcenmanagement einschränkt.[78]

Der Kernkompetenzansatz geht über die unternehmensinterne Perspektive hinaus, indem neben einer internen Fokussierung das Profitieren von fremden Kernkompetenzen angestrebt wird. Wird der Kernkompetenzansatz zur Vorbereitung einer Outsourcingentscheidung herangezogen, erstrecken sich die Untersuchungen demnach auch auf die Kernkompetenzen potenzieller Partner.[79]

---

[75] Schmelzer/Sesselmann, 2020, S. 136 f.; Steinmann/Schreyögg/Koch, 2013, S. 236 f.; Kantsperger, 2007, S. 348; Zmuda, 2006, S. 90 f.

[76] Zmuda, 2006, S. 90.

[77] Picot/Hardt, 1998, S. 630; Hardt, 1996, S. 25.

[78] Zmuda, 2006, S. 92 ff.

[79] Zmuda, 2006, S. 93 ff.

In der Literatur finden sich weitere Ausprägungen des Kernkompetenzansatzes. Beispielsweise wird hier auf ein von Hinterhuber/Handlbauer/Matzler entwickeltes Kompetenzportfolio zur Identifikation verschiedener Kompetenztypen verwiesen.[80]

Beurteilung des Ressourcenansatzes

Ähnlich wie die Transaktionskostentheorie wird auch der Ressourcenansatz für eine mangelnde Operationalisierbarkeit kritisiert. Die Kritik bezieht sich insbesondere auf die Anforderungskriterien, welche der Ansatz an distinktive Ressourcen stellt.[81] Zmuda konstatiert ferner eine Unklarheit des Zusammenhangs zwischen unternehmensspezifischen Ressourcen und ihrer Begründung von Wettbewerbsvorteilen.[82]

Das Potenzial des Ressourcenansatzes zur Identifikation von Kriterien, die bei der Entscheidungsfindung über Outsourcingmaßnahmen in der Veranstaltungswirtschaft herangezogen werden können, wird deutlich, wenn das Know-how als Leistung innerhalb der Veranstaltungsbranche betrachtet wird. So können aus dem Ressourcenansatz Empfehlungen abgeleitet werden, in welcher Koordinationsform dieses Wissen als Wettbewerbsvorteil langfristig geschützt werden kann.[83] Diese Einschätzungen können durch die Überlegungen von Delfmann/Arzt gestützt werden, welche den Ressourcenansatz auf Messegesellschaften anwenden. Sie sehen vor allem die immateriellen Ressourcen derselben, beispielsweise Markennamen von Messeveranstaltungen, Datenbanken mit Kundeninformationen oder konzeptionelles Know-how, als distinktiv an.[84] Analog können diese Überlegungen von Messegesellschaften auf andere Player und Unternehmen der Veranstaltungsbranche übertragen werden.

Der Ressourcenansatz stellt damit nicht-monetäre Größen in den Vordergrund, welche bei der Transaktionskostentheorie zum Teil als unberücksichtigt kritisiert werden.[85] Ferner berücksichtigt der Ressourcenansatz auch dynamische Aspekte.[86] Eine besondere Eignung zur Fundierung von Outsourcingentscheidungen wird in der Literatur daher einer Kombination der beiden theoretisch hochfundierten

---

[80] Hinterhuber/Handlbauer/Matzler, 2003, S. 115 ff.

[81] Zmuda, 2006, S. 94; Hollekamp, 2005, S. 87.

[82] Zmuda, 2006, S. 94 f.

[83] Picot/Hardt, 1998, S. 634.

[84] Delfmann/Arzt, 2005, S. 132 ff.

[85] Kantsperger, 2007, S. 350 f.; Zmuda, 2006, S. 96.

[86] Kantsperger, 2007, S. 349 ff.; Zmuda, 2006, S. 75 ff.; Dibbern/Güttler/Heinzl, 1999, S. 8.

Ansätze beigemessen. Eine solche Integration findet sich in verschiedenen Publikationen.[87] Als Beispiel wird im Folgenden die Einteilung der unternehmensinternen Kompetenzen nach Picot/Hardt angeführt.

Picot/Hardt ordnen die Kern-, Komplementär- und Peripheriekompetenzen in Abhängigkeit von ihrer strategischen Bedeutung und Spezifität. Kernkompetenzen begründen Wettbewerbsvorteile und sind daher durch eine hohe strategische Bedeutung gekennzeichnet. Aufgrund des Merkmals der Nicht-Imitierbarkeit werden sie ferner als hochspezifische Kompetenzen verstanden.[88] Der Einbezug der Variable Spezifität weist auf eine Verknüpfung des Kernkompetenzansatzes mit der Transaktionskostentheorie hin.

Zur Abschwächung eines Teils der zuvor angeführten Kritikpunkte scheinen die Ausführungen Zmudas Anknüpfungspunkte zu geben. Er beleuchtet die Outsourcingentscheidung im Kontext der Marktpositionierungsstrategien von Unternehmungen und zieht dazu die Wettbewerbsstrategien nach Porter heran.[89] Eine genauere Betrachtung der Ausführungen zeigt, dass es sich um keinen eigenständigen Ansatz zur Entscheidungsfundierung handelt. Vielmehr können die Darlegungen als Anwendung des Ressourcenansatzes auf die Wettbewerbsstrategien nach Porter verstanden werden. Aufgrund der Schwerpunktsetzung der vorliegenden Ausarbeitung werden die Strategietypen nicht näher beleuchtet. Hingegen soll geprüft werden, welcher Nutzen von dieser Anwendung für die Identifikation von Kriterien zur Fundierung von Outsourcingentscheidungen ausgehen kann.

Wie bereits angedeutet, liegt ein mögliches Risiko des Outsourcings in der Identifikation der Kernkompetenzen. Vergibt das Unternehmen Leistungen fremd, die fälschlicherweise nicht als Kernkompetenzen erkannt wurden, verschenkt es wertvolles Potenzial zum Auf- und Ausbau von Wettbewerbsvorteilen.[90] Bezugnehmend auf die zuvor erwähnte Kritik an der fehlenden Präzisierung des Ressourcenbegriffs sehen die Autoren in einer Betrachtung der Wettbewerbsstrategien eine Möglichkeit, die Problematik der Identifikation von distinktiven Ressourcen bzw. Kernkompetenzen abzuschwächen.[91] Die Wettbewerbsstrategien nach Porter werden in der Literatur nicht unmittelbar mit Outsourcing in Verbindung gebracht. Ein

---

[87] Kantsperger, 2007, S. 348 ff.; Picot/Hardt, 1998, S. 630 ff.

[88] Picot et al., 2020, S. 23; Kantsperger, 2007, S. 348 f.; Zmuda, 2006, S. 92; Picot/Hardt, 1998, S. 631 f.

[89] Zmuda, 2006, S. 98 ff.

[90] Weuster, 2008, S. 67; Hollekamp, 2005, S. 46.

[91] Zmuda, 2006, S. 94; Hollekamp, 2005, S. 87.

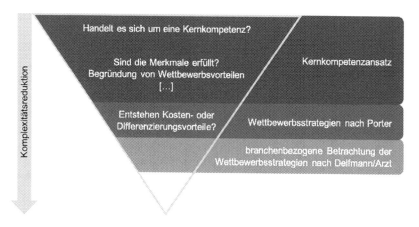

Abb. 3.3 Komplexitätsreduktion des Kernkompetenzansatzes mittels weiterer Ansätze

Heranziehen derselben kann jedoch eine Komplexitätsreduktion des Ressourcenansatzes ermöglichen, wie Abb. 3.3 veranschaulichen soll. Unmittelbar aus dem Kernkompetenzansatz ableitbar ist die übergeordnete Frage, ob die Leistung, welche das Objekt der Outsourcingentscheidung darstellt, einen direkten Bezug zu den Kernkompetenzen aufweist. Ebenfalls können die Merkmale von Kernkompetenzen, wie beispielsweise die Begründung von Wettbewerbsvorteilen, aus dem Ansatz abgeleitet werden. Um dieses Merkmal weiter herunterzubrechen, können die Wettbewerbsstrategien nach Porter Impulse geben. So kann sich das Unternehmen fragen, ob Kosten- oder Differenzierungsvorteile vorliegen.[92] Für eine weitere, branchenbezogene Konkretisierung könnten beispielsweise die Überlegungen von Delfmann/Arzt herangezogen werden, welche die Wettbewerbsstrategien nach Porter aus der Perspektive von Messegesellschaften betrachten.[93] Auf die erwähnten Ansätze und Überlegungen wird in der vorliegenden Ausarbeitung nicht vertiefend eingegangen. Vielmehr soll das Prinzip der Komplexitätsreduktion durch das Verknüpfen von Ansätzen deutlich gemacht werden.

---

[92] Porter, 2014, S. 33 ff.; Porter, 2013, S. 73 ff.
[93] Delfmann/Arzt, 2005, S. 120 ff.

3.4   Der Ansatz nach Harrigan

Vorstellung des Ansatzes nach Harrigan

Harrigan nimmt eine Systematisierung der Integrationsformen vor und differenziert nach dem Grad der Integration in vollständige Integration, partielle Integration und Fremdbezug. Der Integrationsgrad bezieht sich auf den Anteil unternehmensintern erstellter Leistungen am gesamten Leistungsvolumen. Die vierte Integrationsstrategie wird als Quasi-Integration bezeichnet und ist als eine Ausprägung innerhalb verschiedener Eigentumsformen zu verstehen. Beispielsweise sind die Gründung eines Joint Ventures oder Franchising der Quasi-Integration zuzuordnen.

Harrigan unterscheidet ferner drei Einflussgrößen, die die Strategiewahl beeinflussen und im Folgenden erläutert werden. Zunächst sei an dieser Stelle die Volatilität der Branchensituation angeführt. Innerhalb dieser Determinante werden leistungs-, anbieter-, produktions-, konkurrenz- und nachfragerbezogene Aspekte betrachtet. Als zweite Einflussgröße führt Harrigan die Verhandlungsmacht des outsourcenden Unternehmens an. Eine ausgeprägte Verhandlungsmacht bedeutet, dass das Unternehmen einen maßgeblichen Einfluss auf Preishöhe und Konditionen nehmen kann. Als dritte Determinante benennt Harrigan die Wettbewerbsstrategien nach Porter.

Abb. 3.4 greift jeweils zwei der drei Einflussgrößen auf und ordnet ihren Ausprägungen die von Harrigan empfohlenen Integrationsstrategien zu. Wie die Abbildung zeigt, kann eine Tendenz zur vollständigen Integration festgestellt werden, wenn beide Größen für ein hohes Maß der Integration sprechen. Im gegenteiligen Fall rät Harrigan üblicherweise zu Fremdbezug. Sind die Ausprägungen entgegengesetzt gerichtet, werden häufig partielle Integration und bzw. oder Quasi-Integration empfohlen.

Beurteilung des Ansatzes nach Harrigan

Für eine Beurteilung des Ansatzes erscheint es sinnvoll, einen Zusammenhang zwischen den von Harrigan definierten Integrationsstrategien und den dieser Ausarbeitung zugrundeliegenden Outsourcingdimensionen herzustellen. Der Grad der Interaktion kann mit dem Grad des externen Leistungsbezugs gleichgesetzt werden. Im Gegensatz zu Lacity/Willcocks, welche den Grad des externen Leistungsbezugs an den Budgetanteil knüpfen, definiert Harrigan keine konkrete Bezugsgröße und legt auch keine prozentualen Anteile fest, womit keine klare Abgrenzung der Ausprägungen vollständige Integration, partielle Integration und Fremdbezug erfolgen

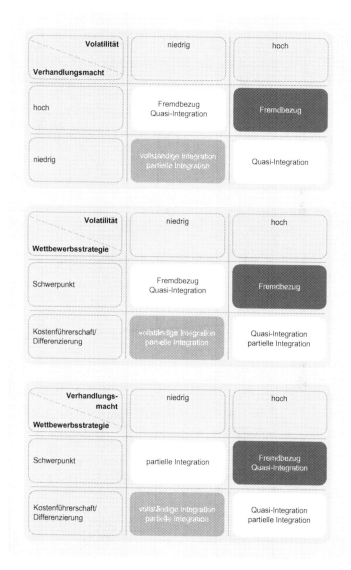

Abb. 3.4 Einflussgrößen und empfohlene Integrationsstrategien nach Harrigan (Bildrechte: [Urheberrecht beim Autor] In Anlehnung an Harrigan, 1983, S. 35)

kann.[94] Übertragen auf die oben eingeführte Systematisierung kann die Quasi-Integration als Ausprägung innerhalb des Markt-Hierarchie-Kontinuums verstanden werden. Die von Harrigan angeführten Beispiele wie Joint Ventures oder Franchising sprechen für eine Gleichsetzung mit der Ausgliederung.[95] Damit wird der Ansatz nach Harrigan mit der Transaktionskostentheorie in Verbindung gesetzt. Diese Verknüpfung kann in einem Vergleich der jeweils berücksichtigten Determinanten fortgesetzt werden. Auch hier können Parallelen zur Transaktionskostentheorie festgestellt werden. So kann beispielsweise ein Zusammenhang zwischen der Verhandlungsmacht eines Unternehmens und der partnerbezogenen Unsicherheit angenommen werden, da davon ausgegangen werden kann, dass Letztere mit zunehmender Verhandlungsstärke abnimmt. Hier decken sich die Aussagen beider Theorien: Mit zunehmender partnerbezogener Unsicherheit bzw. abnehmender Verhandlungsmacht geht eine Tendenz in Richtung Hierarchie einher.[96] Zudem kann an dieser Stelle auch ein Bezug zur Spezifität als Determinante der Transaktionskostentheorie hergestellt werden. Liegt eine hohe Spezifität vor, steht dem Unternehmen tendenziell eine geringere Zahl alternativer Outsourcingnehmer zur Verfügung.[97] Es kann damit ein negativer Zusammenhang zwischen der Spezifität einer Leistung und der Verhandlungsmacht des Unternehmens angenommen werden. Ein Bezug zum Ressourcenansatz kann über die dritte Einflussgröße nach Harrigan hergestellt werden. Eine Verknüpfung distinktiver Ressourcen mit den Wettbewerbsstrategien wurde bereits innerhalb der Beurteilung des Ressourcenansatzes anhand der Ausführungen Zmudas vorgenommen.

Die Beurteilung der Eignung des Ansatzes von Harrigan zur Ableitung von Kriterien zur Fundierung von Outsourcingentscheidungen bedarf einer Berücksichtigung der Fokussierung auf vertikale Integration. Objekt der Outsourcingentscheidung sind damit Leistungen bzw. Aktivitäten, die innerhalb der Wertschöpfungskette anderer Aktivitäten des Unternehmens vor- oder nachgelagert sind.[98]

Zwar können die vielfachen Parallelen zu Transaktionskostentheorie und Ressourcenansatz darauf hindeuten, dass eine Übertragbarkeit auf Outsourcingentscheidungen im Allgemeinen gegeben ist. In welchem Ausmaß und mit welchen Anpassungen eine solche Ausweitung des Ansatzes realisiert werden kann, bleibt

---

[94] Lacity/Willcocks, 2003, S. 116; Harrigan, 1985, S. 914 ff.; Harrigan, 1984, S. 638 ff.; Harrigan, 1983, S. 30 ff.

[95] Harrigan, 1984, S. 641 ff.; Harrigan, 1983, S. 36.

[96] Jung, 2015, S. 41 ff.; Kopeinig/Gedenk, 2005, S. 240; Harrigan, 1985, S. 916 f.; Harrigan, 1984, S. 649; Harrigan, 1983, S. 34 f.

[97] Nagengast, 1997, S. 191.

[98] Porter, 2013, S. 377; Koch, 2006, S. 9 f.; Leykauf, 2006, S. 6 ff.

jedoch näher zu untersuchen. Eine Eignung des Ansatzes zur Ableitung von Kriterien zur Fundierung von Outsourcingentscheidungen ist damit grundsätzlich zumindest im Bereich der vertikalen Integration gegeben und im Allgemeinen zu vermuten. In Anbetracht der identifizierten Parallelen zu Transaktionskosten- und Ressourcenansatz scheint ein zusätzliches Heranziehen des Ansatzes nach Harrigan jedoch keinen bedeutenden Mehrwert für eine Kriterienidentifikation zu liefern. Unterstützend sei angeführt, dass die Empfehlungen nach Harrigan, basierend auf den den Autoren zugänglichen Quellen, trotz des theoretischen Charakters des Ansatzes eine geringere theoretische Fundierung aufzuweisen scheinen als die Transaktionskostentheorie und der Ressourcenansatz. An dieser Stelle sei beispielsweise auf die Ausführungen Harrigans zur Einflussgröße der Wettbewerbsstrategien im Vergleich zu den Ausführungen Zmudas verwiesen.[99] Dies begründet ferner die Sonderstellung des Ansatzes innerhalb der Gliederung der vorliegenden Ausarbeitung. Außerdem fokussieren sich die Überlegungen nach Harrigan, wie zuvor erläutert, mit ihren Einflussgrößen partiell auf Teilaspekte der beiden theoretisch hochfundierten Ansätze und nehmen damit tendenziell eine engere Perspektive ein. Da die Intention der vorliegenden Ausarbeitung in einem möglichst breiten Erfassen des Outsourcings und seiner Formen liegt, erscheint es konsequent, auch zur Kriterienidentifikation Ansätze vorzuziehen, die einen möglichst umfangreichen Blick auf die Thematik ermöglichen.

3.5 Zusammenfassende Betrachtung der vorgestellten Ansätze

Welche Ansätze werden in der Fachliteratur zur Fundierung von Outsourcingentscheidungen herangezogen?

Insgesamt wurden fünf verschiedene Ansätze bzw. Ansatzgruppen identifiziert, die in der Fachliteratur zur Fundierung von Outsourcingentscheidungen herangezogen werden. Die pragmatischen Ansätze und der Ansatz der Kostenvergleichsrechnung spielen vor allem in der Unternehmenspraxis eine bedeutende Rolle. Hingegen weisen der Ressourcenansatz und die Transaktionskostentheorie eine hohe theoretische Fundierung auf. Außerdem wird der Ansatz nach Harrigan in der Literatur speziell bei Outsourcingentscheidungen, die sich auf die Wertschöpfungstiefe des Unternehmens beziehen, angeführt.

---

[99] Zmuda, 2006, S. 107 ff.

Welche Ansätze sind aus der Perspektive von Unternehmen der Veranstaltungsbranche zur Ableitung von Kriterien geeignet?

Subsumierend kann festgehalten werden, dass alle vorgestellten Ansätze einen gewissen Eignungsgrad für eine Ableitung von Kriterien zur Fundierung von Outsourcingentscheidungen bei Unternehmen der Veranstaltungswirtschaft aufweisen. Es können jedoch Abstufungen in der Eignung festgestellt werden. So erweist sich die Abgrenzung von Vor- und Nachteilen bei pragmatischen Ansätzen als problematisch, weshalb bei einem ausschließlichen Heranziehen pragmatischer Ansätze von einer in besonderem Maße subjektiv geprägten Entscheidungsfindung ausgegangen werden kann. Bei einer Berücksichtigung der Dienstleistungsspezifika bzw. der Spezifika der Leistungen von Unternehmen der Veranstaltungsbranche im Speziellen stellt sich auch der Ansatz der Kostenvergleichsrechnung aufgrund der problematischen und aufwändigen Ermittlung absoluter Kostenwerte den theoretisch hochfundierten Ansätzen als unterlegen heraus. Aufgrund der Fokussierung auf vertikale Integration und der Tatsache, dass die von Harrigan angeführten Einflussgrößen in vergleichbarer Form in Transaktionskostentheorie und Ressourcenansatz Berücksichtigung finden, scheint ein Heranziehen des Ansatzes nach Harrigan keinen zusätzlichen Mehrwert zu liefern. Als in besonderem Maße zur Identifikation von Entscheidungskriterien geeignet erweist sich folglich eine Kombination der Transaktionskostentheorie und des Ressourcenansatzes, welche sich in ihrer Fokussierung und ihrer zeitlichen Ausrichtung ergänzen. Wie eine solche Kombination realisiert werden kann, wurde beispielhaft anhand der Ausführungen nach Picot/Hardt skizziert.

Die Betrachtung der Ansätze hat ferner ergeben, dass die theoretisch hochfundierten Ansätze stellenweise abstrakt und wenig konkret bleiben, was eine mögliche Erklärung für ihre geringere Bedeutung in der Unternehmenspraxis darstellen könnte. Die Anwendung des Ressourcenansatzes auf die Wettbewerbsstrategien nach Porter zeigt, dass eine Verknüpfung mit weiteren, in der Literatur nicht unmittelbar mit Outsourcing in Verbindung gebrachten Ansätzen, dieser Problematik möglicherweise entgegenwirken könnte. So könnten diese helfen, die übergeordneten Größen der beiden theoretisch hochfundierten Ansätze in Subgrößen herunterzubrechen und folglich ebenfalls Potenzial für die Identifikation von Entscheidungskriterien bieten. Zudem könnte damit ggf. ein Beitrag zu einer verbesserten Operationalisierbarkeit geleistet und somit einem vielfach geäußerten Kritikpunkt entgegengewirkt werden.

Schlussbetrachtung und kritische Würdigung

Wie eingangs geschildert, ist die Entscheidung zwischen Eigenerstellung und Fremdbezug durch die mit den Megatrends der Globalisierung und Digitalisierung verbundenen Entwicklungen im Spannungsfeld zwischen strategischen und operativen Zielsetzungen zunehmend vielschichtig geworden. Dieser Entwicklung Rechnung tragend vereint der multidimensionale Outsourcingbegriff verschiedene Facetten der Problemstellung. Durch die Covid-19-Pandemie ist die Frage nach dem Ressourcenbezug für viele Unternehmen von besonderer Relevanz. Outsourcing ist damit ein permanent wichtiges Thema. Das gilt auch für die Unternehmen der Veranstaltungsbranche, in der eine Vielzahl von Leistungen fremdbezogen wird. Gleichzeitig ist die Outsourcingentscheidung aufgrund ihrer Vielschichtigkeit komplex, was die Notwendigkeit einer Unterstützung der Entscheidungsträger in der Entscheidungsfindung begründet. So kann festgehalten werden, dass die Forschung mit einer defizitären Betrachtung der Möglichkeiten einer solchen Entscheidungsunterstützung in der Outsourcingliteratur im Allgemeinen und vor allem in der Veranstaltungswirtschaft im Speziellen hinter ihren Möglichkeiten zurückbleibt.

Aus welchen Ansätzen können Kriterien zur Entscheidungsfindung über Outsourcing bei Unternehmen der Veranstaltungsbranche abgeleitet werden?
Zur Beantwortung dieser Fragestellung konnte eine Kombination der beiden theoretisch hochfundierten Ansätze als für Outsourcingentscheidungen bei Unternehmen der Veranstaltungswirtschaft in besonderem Maße geeignet identifiziert werden. Es wurde ferner an einem Beispiel aufgezeigt, wie eine solche Kombination von Transaktionskostentheorie und Ressourcenansatz realisiert werden kann. Die pragmatischen Ansätze, der Ansatz der Kostenvergleichsrechnung sowie der Ansatz nach Harrigan stellten sich hingegen als weniger geeignet bzw. keinen zusätzlichen Mehrwert bietend heraus. Da eine detaillierte Beantwortung

V. I. Grimm und P. Haag, *Make or Buy – Outsourcing in der Veranstaltungsbranche*, essentials, https://doi.org/10.1007/978-3-658-40332-4_4

der beiden Teilfragen bereits erfolgte, beschränkt sich dieses Resümee auf die übergeordnete Fragestellung und eine stark komprimierte Betrachtung. Mittels Sekundäranalyse konnte sich dem bisher wenig erforschten Untersuchungsgegenstand genähert werden. Die Grenzen der Sekundäranalyse werden im größtenteils mangelnden Bezug der Outsourcingliteratur auf die Veranstaltungsbranche deutlich. Dieser konnte in der vorliegenden Ausarbeitung jedoch vielfach über die konstitutiven Merkmale von Dienstleistungen hergestellt werden. Die Überlegungen wurden aus der Perspektive von Unternehmen der Veranstaltungswirtschaft angestellt. Durch die verschiedenartigen Leistungen der betrachteten Unternehmen wird ein breites Spektrum der im Zentrum der Branche stehenden Leistungen abgedeckt, was die Generalisierbarkeit der Erkenntnisse unterstützt. Da sich die von verschiedenen Branchenakteuren angebotenen Leistungen dennoch in ihren Charakteristika unterscheiden, bleibt eine generelle Übertragbarkeit auf die Veranstaltungswirtschaft abschließend zu prüfen.

Es kann nicht gänzlich ausgeschlossen werden, dass einzelne, ggf. zur Identifikation von Kriterien geeignete Ansätze in der vorliegenden Ausarbeitung unberücksichtigt geblieben sind. Jedoch wurde eine möglichst breite Quellenbasis angestrebt, weshalb geringstenfalls von einer Betrachtung der in der Outsourcingliteratur üblicherweise herangezogenen Ansätze ausgegangen werden kann. Trotz einer kritischen und sorgfältigen Quellenauswahl bleiben Objektivität, Validität und Reliabilität der einzelnen Quellen allerdings abschließend zu hinterfragen. Aufgrund der angeführten Grenzen der Sekundäranalyse könnte die Erhebung von Daten eigens für den Untersuchungszweck insbesondere für die branchenbezogene Beurteilung wertvolle Erkenntnisse bieten. Die identifizierten Ansätze sowie die Entscheidungskriterien sollten einer empirischen Überprüfung unterzogen werden.

Mit der Identifikation von Ansätzen zur Ableitung von Kriterien bietet die Ausarbeitung eine Hilfestellung für die Entscheidungsfindung. Durch eine Aufstellung und Gewichtung der Kriterien könnte eine weitere Komplexitätsreduktion erreicht werden. An dieser Stelle sei außerdem auf die begrenzte Aktualität einiger Quellen hingewiesen. Während diese bei der Identifikation von Ansätzen nicht im Vordergrund stand, würde eine Kriteriengewichtung aufgrund der dynamischen Entwicklung der von den Unternehmen fokussierten Outsourcingziele hochaktuelles Datenmaterial erfordern. Es sei daher erneut auf das Potenzial einer zusätzlichen Primäranalyse hingewiesen. Die theoretisch hochfundierten und als bestgeeignet beurteilten Ansätze wurden gleichzeitig als in hohem Maße abstrakt und nur eingeschränkt operationalisierbar identifiziert, weshalb sich die Outsourcingempfehlungen der Ansätze auf Tendenzaussagen beschränken. Zur Abschwächung dieser Problematik stellte sich eine Verknüpfung mit weiteren, in der Literatur üblicherweise nicht mit Outsourcing in Zusammenhang gebrachten Ansätzen als sinnvoll heraus. Ein Weiterverfolgen dieser Perspektive könnte möglicherweise die Praxistauglichkeit der hochfundierten Ansätze steigern. Weiterhin könnte eine Messbarkeit der Kriterienausprägungen einen genaueren Vergleich von Handlungsalternativen ermöglichen.

Die vorliegende Ausarbeitung fokussiert sich auf die Fremdvergabe in Form der Leistungserstellung durch Unternehmen, welche dem outsourcenden Unternehmen ihre Leistung gegen Entgelt anbieten. Die zunehmende aktive Einbindung des Kunden als Co-Produzent und die allgemein für Dienstleistungen typische Integration externer Faktoren eröffnen eine weitere Möglichkeit der Fremdvergabe.[1] Die Leistungserstellung durch den Kunden ist auch in der Veranstaltungswirtschaft vorzufinden, beispielsweise in Form von Standkonfiguratoren im Messebau, weshalb eine vertiefende Betrachtung dieser Outsourcingform sinnvoll erscheint.[2]

Die betriebswirtschaftliche Perspektive steht in dieser Ausarbeitung im Vordergrund. Wie bereits erwähnt, befassen sich weitere sozialwissenschaftliche Disziplinen mit Outsourcing. Ein Verschmelzen der Erkenntnisse verschiedener Disziplinen könnte es ermöglichen, den facettenreichen Forschungsgegenstand in seiner Vielschichtigkeit noch besser zu erfassen. Wie angedeutet, könnte beispielsweise eine Untersuchung kultureller Einflüsse auf die Outsourcingentscheidung Potenzial bieten, um neben bewusst heranzuziehenden Entscheidungskriterien auch Einflüsse zu identifizieren, die möglicherweise unbewusst auf die Entscheidungsträger wirken. Dies könnte eine transparente Entscheidungsfindung zusätzlich fördern.

Abschließend kann weiterer Forschungsbedarf im Bereich der Outsourcingentscheidungen in der Veranstaltungswirtschaft konstatiert werden. Durch die Identifikation von Ansätzen, welche zur Ableitung von Kriterien zur Fundierung von Outsourcingentscheidungen herangezogen werden können, leistet die Ausarbeitung einen Beitrag zur Komplexitätsreduktion der Entscheidungsfindung bezüglich Outsourcingmaßnahmen bei Akteuren der Veranstaltungsbranche. Potenzial besteht jedoch in der Weiterentwicklung der Entscheidungshilfe in Form einer Gewichtung der Kriterien sowie durch Überlegungen zur systematischen Beurteilung der Kriterienerfüllung. Eine empirische Überprüfung der Ansätze und Kriterien könnte ferner eine größere Branchen- und Praxisnähe schaffen. Die durch wirtschaftliche und technologische Entwicklungen bedingte Dynamik des Outsourcingbegriffs erfordert außerdem eine Ausdehnung der

---

[1] Haller/Wissing, 2020, S. 10 ff.; Picot/Hardt, 1998, S. 637 f.
[2] Fairconstruction, o. J., o. S.; NürnbergMesse, o. J., o. S.

Perspektive und eine permanente Prüfung der in Betracht gezogenen Handlungs-alternativen. Die von Jouanne-Diedrich festgestellte und eingangs aufgegriffene dauerhafte Aktualität und Relevanz des Outsourcings kann demnach bestätigt werden.

Was Sie aus diesem *essential* mitnehmen können

- Ein initiales Verständnis zur Entscheidungsfindung zwischen Fremdbezug und Eigenerstellung
- Einsichten und Argumente zu Outsourcing in der Veranstaltungsbranche
- Ansätze zur Fundierung von Outsourcingentscheidungen in der Veranstaltungswirtschaft

V. I. Grimm und P. Haag, *Make or Buy – Outsourcing in der Veranstaltungsbranche*, essentials, https://doi.org/10.1007/978-3-658-40332-4

Literatur

Arzt, Rowena (2006): Wettbewerbsfähigkeit europäischer Messeveranstalter. Entwicklung und empirische Anwendung eines multidimensionalen Bezugsrahmens, Wiesbaden (Springer Gabler)

Bannas, Vera (2011): Konfigurationen von Messelogistikdienstleistern. Eine empirische Untersuchung des weltweiten Marktes, Wiesbaden (Springer Gabler)

Behm, Uwe; Winckler, Andreas (2017): Die Messegesellschaft als Betreiber von Dienstleistungsnetzwerken, in: Kirchgeorg, Manfred; Dornscheidt, Werner M.; Stoeck, Norbert (Hrsg.): Handbuch Messemanagement. Planung, Durchführung und Kontrolle von Messen, Kongressen und Events, 2. Auflage, Wiesbaden (Springer Gabler), S. 553–564

Böhmann, Tilo; Krcmar, Helmut (2007): Hybride Produkte: Merkmale und Herausforderungen, in: Bruhn, Manfred; Stauss, Bernd (Hrsg.): Wertschöpfungsprozesse bei Dienstleistungen. Forum Dienstleistungsmanagement, Wiesbaden (Gabler), S. 239–256

Brühl, Rolf (2021): Wie Wissenschaft Wissen schafft. Wissenschaftstheorie und -ethik für Sozial- und Wirtschaftswissenschaften, 3. Auflage, München (UVK)

Deitermann, Manfred et al. (2019): Industrielles Rechnungswesen IKR. Finanzbuchhaltung, Analyse und Kritik des Jahresabschlusses, Kosten- und Leistungsrechnung, 48. Auflage, Braunschweig (Westermann)

Delfmann, Werner; Arzt, Rowena (2005): Möglichkeiten zur Generierung von Wettbewerbsvorteilen bei Messegesellschaften, in: Delfmann, Werner; Köhler, Richard; Müller-Hagedorn, Lothar (Hrsg.): Kölner Kompendium der Messewirtschaft. Das Management von Messegesellschaften, Köln (Kölner Wissenschaftsverlag), S. 117–140

Dibbern, Jens; Chin, Wynne W.; Heinzl, Armin (2012): Systemic Determinants of the Information Systems Outsourcing Decision: A Comparative Study of German and United States Firms, in: Journal of the Association for Information Systems, 13. Jg., S. 466–497

Dibbern, Jens; Güttler, Wolfgang; Heinzl, Armin (1999): Die Theorie der Unternehmung als Erklärungsansatz für das Outsourcing der Informationsverarbeitung. Entwicklung eines theoretischen Bezugsrahmens, Arbeitspapier, Universität Bayreuth

Dittrich, Jörg; Braun, Marc (2004): Business Process Outsourcing. Ein Entscheidungsleitfaden für das Out- und Insourcing von Geschäftsprozessen, Stuttgart (Schäffer-Poeschel)

Döring, Nicola; Bortz, Jürgen (2016): Forschungsmethoden und Evaluation in den Sozial- und Humanwissenschaften, 5. Auflage, Berlin, Heidelberg (Springer)

© Der/die Herausgeber bzw. der/die Autor(en), exklusiv lizenziert an Springer Fachmedien Wiesbaden GmbH, ein Teil von Springer Nature 2023
V. I. Grimm und P. Haag, *Make or Buy – Outsourcing in der Veranstaltungsbranche*, essentials, https://doi.org/10.1007/978-3-658-40332-4

Ebers, Mark; Gotsch, Wilfried (2019): Institutionenökonomische Theorien der Organisation, in: Kieser, Alfred; Ebers, Mark (Hrsg.): Organisationstheorien, 8. Auflage, Stuttgart (Kohlhammer), S. 196–257

Ebert, Christof (2020): Verteiltes Arbeiten kompakt. Virtuelle Projekte und Teams. Homeoffice. Digitales Arbeiten., 2. Auflage, Wiesbaden (Springer Vieweg)

Erlei, Mathias; Jost, Peter-J. (2001): Theoretische Grundlagen des Transaktionskostenansatzes, in: Jost, Peter-J. (Hrsg.): Der Transaktionskostenansatz in der Betriebswirtschaftslehre, Stuttgart (Schäffer-Poeschel), S. 35–76

fairconstruction (o. J.): Ihr Stand-Baukasten, https://www.fairconstruction.com/messeffms torefront/ (abgerufen am 20.12.2021)

Fantapié Altobelli, Claudia (2017): Marktforschung. Methoden, Anwendungen, Praxisbeispiele, 3. Auflage, Konstanz, München (UVK)

Giesel, Katharina D. (2007): Leitbilder in den Sozialwissenschaften. Begriffe, Theorien und Forschungskonzepte, Wiesbaden (VS)

Grega, Felix (2013): Internationalisierung des Messewesens. Auswirkungen auf öffentliche Veranstaltungsgesellschaften, Wiesbaden (Springer Gabler)

Gross, Jürgen; Bordt, Jörg; Musmacher, Matias (2006): Business Process Outsourcing. Grundlagen, Methoden, Erfahrungen, Wiesbaden (Gabler)

Gutmann, Joachim (2017): Flexible Arbeit. Zeitarbeit, Werkvertrag, Outsourcing, Freiburg (Haufe)

Haag, Patrick (2017): Der externe Faktor in der Kongress- und Tagungswirtschaft, in: Bühnert, Claus; Luppold, Stefan (Hrsg.): Praxishandbuch Kongress-, Tagungs- und Konferenzmanagement. Konzeption & Gestaltung, Werbung & PR, Organisation & Finanzierung, Wiesbaden (Springer Gabler), S. 511–522

Haller, Sabine; Wissing, Christian (2020): Dienstleistungsmanagement. Grundlagen – Konzepte – Instrumente, 8. Auflage, Wiesbaden (Springer Gabler)

Hardt, Peter (1996): Organisation dienstleistungsorientierter Unternehmen, Wiesbaden (DUV)

Harrigan, Kathryn R. (1983): A Framework for Looking at Vertical Integration, in: Journal of Business Strategy, 3. Jg., S. 30–37

Harrigan, Kathryn R. (1984): Formulating Vertical Integration Strategies, in: Academy of Management Review, 9. Jg., S. 638–652

Harrigan, Kathryn R. (1985): Strategies for Intrafirm Transfers and Outside Sourcing, in: Academy of Management Journal, 28. Jg., S. 914–925

Heibel, Manfred (2000): Die Rolle des Outsourcing im Globalisierungsprozess, in: Köhler-Frost, Wilfried (Hrsg.): Outsourcing. Eine strategische Allianz besonderen Typs, 4. Auflage, Berlin (Erich Schmidt), S. 73–93

Helfrich, Hede (2016): Wissenschaftstheorie für Betriebswirtschaftler, Wiesbaden (Springer Gabler)

Heller-Herold, Gina; Link, Patrick (2020): Corona-Krise zum Neustart des Geschäftsmodells nutzen, in: Controller Magazin, 45. Jg., S. 28–33

Hendrix, Ulla; Abendroth, Claudia; Wachtler, Günther (2003): Outsourcing und Beschäftigung. Die Folgen betriebsübergreifender Kooperation für die Gestaltung von Arbeit, München, Mering (Hampp)

Hinterhuber, Hans H.; Handlbauer, Gernot; Matzler, Kurt (2003): Kundenzufriedenheit durch Kernkompetenzen. Eigene Potenziale erkennen, entwickeln, umsetzen, 2. Auflage, Wiesbaden (Gabler)

Hodel, Marcus; Berger, Alexander; Risi, Peter (2006): Outsourcing realisieren. Vorgehen für IT und Geschäftsprozesse zur nachhaltigen Steigerung des Unternehmenserfolgs, 2. Auflage, Wiesbaden (Vieweg)

Hollekamp, Marco (2005): Strategisches Outsourcing von Geschäftsprozessen. Eine empirische Analyse der Wirkungszusammenhänge und der Erfolgswirkungen von Outsourcingprojekten am Beispiel von Großunternehmen in Deutschland, München, Mering (Hampp)

Horchler, Hartmut (2000): Outsourcing-Markt wächst weiter. Allen Unkenrufen zum Trotz, in: Köhler-Frost, Wilfried (Hrsg.): Outsourcing. Eine strategische Allianz besonderen Typs, 4. Auflage, Berlin (Erich Schmidt), S. 139–145

Horchler, Harmut (2005): Sourcing – eine Strategische Option zur Optimierung von Wertschöpfungsstrukturen, in: Berndt, Ralph (Hrsg.): Erfolgsfaktor Innovation, Berlin, Heidelberg, New York (Springer), S. 299–317

Jouanne-Diedrich, Holger (2004): 15 Jahre Outsourcing-Forschung: Systematisierung und Lessons Learned, in: Zarnekow, Rüdiger; Brenner, Walter; Grohmann, Helmut H. (Hrsg.): Informationsmanagement. Konzepte und Strategien für die Praxis, Heidelberg (dpunkt), S. 125–134

Jung, Benjamin (2015): Die Entscheidung über die Unternehmensgrenze bei radikaler technologischer Veränderung. Das Beispiel der Automobilindustrie im Übergang in die Elektromobilität, Wiesbaden (Springer Gabler)

Kang, Andree (2003): Beitrag zur Unterstützung von rationalen Entscheidungen zum Outsourcing von Geschäftsprozessen, Aachen (Shaker)

Kantsperger, Roland (2007): Outsourcing von Marketing-Dienstleistungen – Ziele, Determinanten und Erfolgsfaktoren, in: Bruhn, Manfred; Stauss, Bernd (Hrsg.): Wertschöpfungsprozesse bei Dienstleistungen. Forum Dienstleistungsmanagement, Wiesbaden (Gabler), S. 337–358

Kirchgeorg, Manfred (2017): Funktionen und Erscheinungsformen von Messen, in: Kirchgeorg, Manfred; Dornscheidt, Werner M.; Stoeck, Norbert (Hrsg.): Handbuch Messemanagement. Planung, Durchführung und Kontrolle von Messen, Kongressen und Events, 2. Auflage, Wiesbaden (Springer Gabler), S. 31–50

Kleemann, Florian C.; Frühbeis, Ronja (2021): Resiliente Lieferketten in der VUCA-Welt. Supply Chain Management für Corona, Brexit & Co., Wiesbaden (Springer Gabler)

Koch, Walter J. (2006): Zur Wertschöpfungstiefe von Unternehmen. Die strategische Logik der Integration, Wiesbaden (DUV)

Köhler-Frost, Wilfried (2000): Outsourcing zur Jahrtausendwende, in: Köhler-Frost, Wilfried (Hrsg.): Outsourcing. Eine strategische Allianz besonderen Typs, 4. Auflage, Berlin (Erich Schmidt), S. 13–57

Kopeinig, Sabine; Gedenk, Karen (2005): Make-or-Buy-Entscheidungen von Messegesellschaften, in: Delfmann, Werner; Köhler, Richard; Müller-Hagedorn, Lothar (Hrsg.): Kölner Kompendium der Messewirtschaft. Das Management von Messegesellschaften, Köln (Kölner Wissenschaftsverlag), S. 227–250

Küchler, Peter R. (2000): Application Service Providing, Application Hosting: Visionen eines neuen Services? in: Köhler-Frost, Wilfried (Hrsg.): Outsourcing. Eine strategische Allianz besonden Typs, 4. Auflage, Berlin (Erich Schmidt), S. 146–153

Lacity, Mary; Willcocks, Leslie (2003): IT sourcing reflections. Lessons for customers and suppliers, in: Wirtschaftsinformatik, 45. Jg., S. 115–125

Lanzer, Florian; Sauberschwarz, Lucas; Weiß, Lysander (2020): Erfolgreich durch die Krise. Strategieentwicklung in Zeiten von Finanzkrise bis Corona, Wiesbaden (Springer Gabler)

Lever, Scott (1997): An Analysis of Managerial Motivations Behind Outsourcing Practices in Human Resources, in: Human Resource Planning, 20. Jg., S. 37–47

Leykauf, Gerhard (2006): Modularität und vertikale Desintegration. Güterarchitektur als Determinante der Wertschöpfungstiefe, Dissertation, Friedrich-Alexander-Universität Erlangen-Nürnberg

Macha, Roman (2011): Grundlagen der Kosten- und Leistungsrechnung, 5. Auflage, München (Vahlen)

Marzin, Wolfgang (2017): Messen auf globalen Märkten, in: Kirchgeorg, Manfred; Dornscheidt, Werner M.; Stoeck, Norbert (Hrsg.): Handbuch Messemanagement. Planung, Durchführung und Kontrolle von Messen, Kongressen und Events, 2. Auflage, Wiesbaden (Springer Gabler), S. 151–164

Mayer, Alexander G.; Söbbing, Thomas (2004): Outsourcing leicht gemacht. Muss man denn alles selber machen?, Frankfurt, Wien (Ueberreuter)

Meffert, Heribert; Bruhn, Manfred; Hadwich, Karsten (2018): Dienstleistungsmarketing. Grundlagen – Konzepte – Methoden, 9. Auflage, Wiesbaden (Springer Gabler)

Michel, Stefan (2003): Beschaffung von Dienstleistungen, in: Boutellier, Roman; Wagner, Stephan M.; Wehrli, Hans P. (Hrsg.): Handbuch Beschaffung. Strategien, Methoden, Umsetzung, München, Wien (Hanser), S. 525–536

Mikus, Barbara (2009): Make-or-buy-Entscheidungen. Führungsprozesse, Risikomanagement und Modellanalysen, 3. Auflage, Chemnitz (GUC)

Nagengast, Johann (1997): Outsourcing von Dienstleistungen industrieller Unternehmen. Eine theoretische und empirische Analyse, Hamburg (Dr. Kovač)

Neven, Peter (2005): Geschichte und Entwicklung der Messewirtschaft, in: Delfmann, Werner; Köhler, Richard; Müller-Hagedorn, Lothar (Hrsg.): Kölner Kompendium der Messewirtschaft. Das Management von Messegesellschaften, Köln (Kölner Wissenschaftsverlag), S. 73–90

Nittbaur, Gunter (2001): Wettbewerbsvorteile in der Messewirtschaft. Aufbau und Nutzen strategischer Erfolgsfaktoren, Wiesbaden (Gabler)

NürnbergMesse (o. J.): Standkonfigurator der NürnbergMesse, https://www.standkonfigurator.de/ (abgerufen am 20.12.2021)

Oecking, Christian (2000): Outsourcing im Wandel: Von der Auslagerung der Datenverarbeitung zum Management der Komplexität von Informationstechnologie, in: Köhler-Frost, Wilfried (Hrsg.): Outsourcing. Eine strategische Allianz besonderen Typs, 4. Auflage, Berlin (Erich Schmidt), S. 94–117

Penzkofer, Horst (2021): Branchen im Fokus: Messebranche, in: ifo Schnelldienst, 74. Jg., S. 88–94

Peters, Sönke; Brühl, Rolf; Stelling, Johannes N. (2005): Betriebswirtschaftslehre. Einführung, 12. Auflage, München, Wien (Oldenbourg)

Pfaller, Ralph (2013): IT-Outsourcing-Entscheidungen. Analyse von Einfluss- und Erfolgsfaktoren für auslagernde Unternehmen, Wiesbaden (Springer Gabler)

Picot, Arnold et al. (2020): Die grenzenlose Unternehmung. Information, Organisation & Führung, 6. Auflage, Wiesbaden (Springer Gabler)

Picot, Arnold; Hardt, Peter (1998): Make-or-Buy-Entscheidungen, in: Meyer, Anton (Hrsg.): Handbuch Dienstleistungs-Marketing, Stuttgart (Schäffer-Poeschel), S. 625–646

Porter, Michael E. (2013): Wettbewerbsstrategie. Methoden zur Analyse von Branchen und Konkurrenten, 12. Auflage, Frankfurt a. M., New York (Campus)

Porter, Michael E. (2014): Wettbewerbsvorteile. Spitzenleistungen erreichen und behaupten, 8. Auflage, Frankfurt a. M., New York (Campus)

Reichmann, Thomas; Palloks, Monika (2000): Make-or-buy-Kalkulationen im modernen Beschaffungsmanagement, https://beschaffung-aktuell.industrie.de/allgemein/make-or-buy-kalkulationen-im-modernen-beschaffungsmanagement/ (eingestellt am 01.04.2000, abgerufen am 07.11.2021)

Robertz, Gerd (1999): Strategisches Messemanagement im Wettbewerb. Ein markt-, ressourcen- und koalitionsorientierter Ansatz, Wiesbaden (DUV)

Römer, Gregor (2001): Interessenausgleich und Sozialplan bei Outsourcing und Auftragsneuvergabe, Berlin (Duncker & Humblot)

Rundquist, Jonas (2007): Outsourcing of New Product Development – A decision Framework, Dissertation, Luleå University of Technology

Schewe, Gerhard; Kett, Ingo (2007): Business Process Outsourcing. Geschäftsprozesse kontextorientiert auslagern, Berlin, Heidelberg, New York (Springer)

Schmelzer, Hermann J.; Sesselmann, Wolfgang (2020): Geschäftsprozessmanagement in der Praxis. Kunden zufriedenstellen, Produktivität steigern, Wert erhöhen, 9. Auflage, München (Hanser)

Schneider, Dietram; Baur, Cornelius; Hopfmann, Lienhard (1994): Re-Design der Wertkette durch Make or Buy. Konzepte und Fallstudien, Wiesbaden (Gabler)

Sommerlad, Klaus W. (2000): Vertrag und rechtliche Rahmenbedingungen beim Outsourcing in der Informationsverarbeitung, in: Köhler-Frost, Wilfried (Hrsg.): Outsourcing. Eine strategische Allianz besonderen Typs, 4. Auflage, Berlin (Erich Schmidt), S. 281–300

Stamm, Harald (2000): Outsourcing im Wandel: Veränderte IT-Serviceinhalte durch schnelllebige Businesswelt und neue Technologien, in: Köhler-Frost, Wilfried (Hrsg.): Outsourcing. Eine strategische Allianz besonderen Typs, 4. Auflage, Berlin (Erich Schmidt), S. 217–230

Staudacher, Richard (2000): Steuerliche, gesellschaftsrechtliche und arbeitsrechtliche Aspekte von Outsourcing-Maßnahmen, in: Köhler-Frost, Wilfried (Hrsg.): Outsourcing. Eine strategische Allianz besonderen Typs, 4. Auflage, Berlin (Erich Schmidt), S. 301–314

Steinmann, Horst; Schreyögg, Georg; Koch, Jochen (2013): Management. Grundlagen der Unternehmensführung. Konzepte – Funktionen – Fallstudien, 7. Auflage, Wiesbaden (Springer Gabler)

Vahrenkamp, Richard; Kotzab, Herbert (2017): Logistikwissen kompakt, 8. Auflage, Berlin, Boston (De Gruyter)

Weuster, Arnufl (2008): Unternehmensorganisation. Organisationsprojekte – Aufbaustrukturen, München, Mering, 3. Auflage (Hampp)

Wöhe, Günter; Döring, Ulrich; Brösel, Gerrit (2020): Einführung in die Allgemeine Betriebswirtschaftslehre, 27. Auflage, München (Vahlen)

Wutzlhofer, Manfred (2017): Messen im Wandel, in: Kirchgeorg, Manfred; Dornscheidt, Werner M.; Stoeck, Norbert (Hrsg.): Handbuch Messemanagement. Planung, Durchführung und Kontrolle von Messen, Kongressen und Events, 2. Auflage, Wiesbaden (Springer Gabler), S. 123–132

Wymann, Bruno; Schellinger, Jochen (2021): Employability 4.0, in: Schellinger, Jochen; Tokarski, Kim O.; Kissling-Näf, Ingrid (Hrsg.): Digital Business. Analysen und Handlungsfelder in der Praxis, Wiesbaden (Springer Gabler), S. 183–216

Zhu, Zhiwei; Hsu, Kathy; Lillie, Joseph (2001): Outsourcing – a strategic move: the process and the ingredients for success, in: Management Decision, 39. Jg., S. 373–378

Zmuda, Piotr (2006): Outsourcing bei Banken. Eine Analyse des strategischen Entscheidungsproblems, Wiesbaden (DUV)

Printed in the United States
by Baker & Taylor Publisher Services